Der Mut, das Trauma loszulassen

Heilen Sie Ihre vergangenen Wunden, überwinden Sie PTSD, gewinnen Sie emotionale Freiheit und innere Widerstandsfähigkeit zurück

Sandy Mathias

An alle, die sich den Schatten ihrer Vergangenheit gestellt haben und die Kraft gefunden haben, das Licht zu suchen.

Dieses Buch ist den Überlebenden, den Träumern und den Kriegern gewidmet, die sich nicht durch ihre Wunden definieren lassen. Mögen Sie den Mut zur Heilung, die Widerstandskraft zum Wachsen und die Freiheit finden, eine Zukunft voller Hoffnung und Möglichkeiten anzunehmen.

Meiner Familie und meinen Freunden danke ich für Ihre unerschütterliche Unterstützung und Ihren Glauben an mich. Ihre Liebe und Ermutigung waren für mich der Leitfaden.

Und meinen Lesern: Vielen Dank, dass Sie mich an Ihrer Heilungsreise teilhaben lassen. Ihre Stärke und Ihr Mut inspirieren mich jeden Tag.

Mit meinem ganzen Herzen,

Sandy Mathias

Ein Trauma betrifft jeden, entweder direkt oder indirekt. Es prägt unsere Erfahrungen, beeinflusst unsere Entscheidungen und beeinflusst unsere emotionale und körperliche Gesundheit. Dennoch kann es entmutigend und manchmal unmöglich erscheinen, ein Trauma zu verstehen und zu heilen.

„The Courage to Let Go of Trauma" zielt darauf ab, Ihnen die Werkzeuge, Erkenntnisse und Unterstützung zu bieten, die Sie benötigen, um diese schwierige, aber lebensverändernde Reise zu bewältigen. Dieses Buch untersucht die Komplexität von Traumata, ihre Auswirkungen auf Gehirn und Körper und bietet praktische Strategien zur Genesung. Es soll Ihnen helfen, Ihr Leben zurückzugewinnen, Ihre Vergangenheit zu akzeptieren und mit Belastbarkeit und Hoffnung voranzuschreiten.

Auf diesen Seiten finden Sie eine Mischung aus wissenschaftlicher Forschung, therapeutischen Techniken und persönlichen Geschichten, die Ihnen dabei helfen sollen, zu erkennen, dass Heilung nicht nur möglich, sondern auch in Ihrer Reichweite liegt. In diesem Buch geht es nicht nur um die Überwindung von

Traumata; Es geht darum, den Mut zu finden, darüber hinaus zu wachsen.

Wenn Sie oder jemand, der Ihnen am Herzen liegt, ein Trauma erlebt hat, ist dieses Buch ein mitfühlender Leitfaden, der Sie auf dem Weg der Genesung unterstützt. Es ist für diejenigen, die ihren Schmerz verstehen, ihre Wunden heilen und letztendlich Frieden und Kraft finden möchten.

Inhaltsverzeichnis

EINFÜHRUNG

"Der einzige Weg raus ist durch."

Robert Frost

Das Leben kann hart sein. Wirklich hart. Manchmal fühlt es sich an, als ob die Welt um uns herum zusammenbricht und wir in den Trümmern stehen bleiben und uns fragen, wie wir die Scherben jemals wieder aufsammeln sollen. Wenn Sie ein Trauma erlebt haben, kennen Sie dieses Gefühl nur zu gut. Es ist, als würde man einen schweren Rucksack voller Schmerz, Angst und Erinnerungen tragen, die man lieber vergessen würde. Aber lassen Sie mich eines sagen: Sie müssen diese Last nicht ewig tragen.

Wenn Sie dieses Buch in die Hand genommen haben, sind die Chancen groß, dass Sie nach einem Ausweg aus der Dunkelheit suchen. Vielleicht kämpfen Sie seit Jahren mit den Auswirkungen eines Traumas, oder vielleicht beginnen Sie gerade erst zu begreifen, wie sehr sich Ihre vergangenen Erfahrungen auf Ihr gegenwärtiges Leben auswirken. In jedem Fall sind Sie hier richtig.

Beginnen wir mit einer harten Wahrheit: Trauma ist scheiße. Es ist unfair, es ist schmerzhaft und es kann einem das Gefühl geben, in seiner eigenen persönlichen Hölle gefangen zu sein. Aber hier ist noch eine andere Wahrheit: Du bist stärker als du denkst. Du hast bisher alles überstanden, was das Leben auf dich zukommen ließ, und das ist keine Kleinigkeit. Die Tatsache, dass Sie dies gerade lesen, zeigt, dass Sie bereit sind, den nächsten Schritt auf Ihrem Heilungsweg zu gehen.

Nun, ich werde die Dinge nicht beschönigen. Die Heilung von einem Trauma ist nicht einfach. Es ist keine schnelle Lösung oder eine magische Pille. Es ist ein Prozess und manchmal wird es wirklich schwierig sein. Es wird Tage geben, an denen Sie das Gefühl haben, zwei Schritte vorwärts und einen zurück zu machen. Aber das ist OK. Heilung verläuft nicht linear und jeder Schritt, den Sie unternehmen, und sei er noch so klein, ist ein Sieg.

Stellen Sie sich das so vor: Stellen Sie sich vor, Sie besteigen einen Berg. Manchmal ist der Weg klar und leicht zu befolgen. Manchmal ist es steinig und steil, und Sie könnten ausrutschen und stürzen. Aber jedes Mal, wenn Sie wieder aufstehen und weiter klettern, kommen Sie dem Gipfel näher. Und wenn Sie endlich den Gipfel erreichen, wird die Aussicht unglaublich sein.

Darum geht es in diesem Buch: Ihnen die Werkzeuge und den Mut zu geben, Ihren eigenen Berg zu erklimmen. Wir werden uns ansehen, was ein Trauma ist, wie es sich auf Ihr Gehirn und Ihren Körper auswirkt und vor allem, wie Sie mit der Heilung beginnen können. Wir sprechen über verschiedene Therapietechniken, Bewältigungsstrategien und Möglichkeiten zum Aufbau von Resilienz. Aber darüber hinaus werden wir über Hoffnung sprechen.

Trauma mag ein Teil Ihrer Geschichte sein, aber es muss nicht die ganze Geschichte sein. Du bist so viel mehr als die schlechten Dinge, die dir passiert sind. Du bist ein Überlebender, ein Kämpfer, und du hast die Macht, dein Leben zurückzugewinnen.

Wussten Sie, dass etwa 70 % der Erwachsenen in den Vereinigten Staaten mindestens einmal in ihrem Leben ein traumatisches Ereignis erlebt haben? Das sind rund 223,4 Millionen Menschen. Und davon entwickeln etwa 20 % eine posttraumatische Belastungsstörung (PTBS). Das bedeutet, dass viele Menschen unsichtbare Wunden mit sich herumtragen.

Studien haben gezeigt, dass bei etwa 80 % der Menschen mit PTBS mit der richtigen Behandlung eine deutliche Verbesserung ihrer Symptome auftritt. Das ist riesig! Es bedeutet, dass Heilung möglich ist und dass sie jeden Tag für Menschen wie Sie geschieht.

Natürlich sind das Wissen, dass Heilung möglich ist, und die tatsächliche Arbeit zur Heilung zwei verschiedene Dinge. Es ist beängstigend, sich seinem Trauma direkt zu stellen. Es ist, als würde man am Rand einer Klippe stehen und wissen, dass man springen muss, um auf die andere Seite zu gelangen, sich aber vor Angst wie gelähmt fühlen. Da kommt Mut ins Spiel.

Bei Mut geht es nicht darum, keine Angst zu haben. Es geht darum, Angst zu haben und es trotzdem zu tun. Es geht darum, den ersten Schritt zu machen, auch wenn die Beine zittern. Es geht darum, sich einem Therapeuten zu öffnen, auch wenn einem die Kehle zuschnürt und die Worte nicht herauskommen. Es geht darum, sich seinen Erinnerungen zu stellen, auch wenn jeder Teil von Ihnen weglaufen und sich verstecken möchte.

Das Schöne am Mut ist, dass er wächst. Jedes Mal, wenn Sie sich Ihren Ängsten stellen, jedes Mal, wenn Sie sich dafür entscheiden, zu heilen statt sich zu verstecken, bauen Sie Ihren Mut auf. Und bevor Sie es wissen, werden Sie Dinge tun, die Sie nie für möglich gehalten hätten.

In diesem Buch werden wir viel über das Loslassen sprechen. Den Schmerz loslassen, die Angst loslassen, die Vergangenheit loslassen. Aber seien wir klar: Loslassen bedeutet nicht Vergessen. Es bedeutet nicht, so zu tun, als ob nie schlimme Dinge passiert wären. Loslassen bedeutet, den Einfluss des Traumas auf Ihr Leben loszulassen. Es bedeutet, sich dafür zu entscheiden, in der Gegenwart zu leben, anstatt in der Vergangenheit festzustecken.

Stellen Sie sich vor, Sie halten eine heiße Kohle fest. Es brennt in deiner Hand und bereitet dir Schmerzen, aber du hast Angst, es loszulassen, weil es dir bekannt vorkommt. Das Trauma loszulassen ist, als würde man endlich die Hand öffnen und die Kohle fallen lassen. Ja, Sie haben vielleicht immer noch eine Narbe, aber jetzt ist Ihre Hand frei, um andere Dinge zu halten – gute Dinge, schöne Dinge, Dinge, die Ihnen Freude statt Schmerz bereiten.

Jetzt möchte ich für einen Moment real bei dir sein. Dieses Buch wird nicht alles auf magische Weise reparieren. Es gibt kein einziges Buch, keine Therapie oder Technik, die alle Auswirkungen eines Traumas über Nacht beseitigen kann. Heilung ist ein Prozess und wie jeder Prozess hat er seine Höhen und Tiefen. Es wird Tage geben, an denen Sie das Gefühl haben, ganz oben auf der Welt zu sein, und Tage, an denen Sie das Gefühl haben, wieder da zu sein, wo Sie angefangen haben.

Aber das kann dieses Buch: Es kann Ihnen Hoffnung geben. Es kann Ihnen zeigen, dass Sie mit Ihren Problemen nicht allein sind. Es kann Ihnen Werkzeuge und Strategien an die Hand geben, mit denen Sie Ihre Symptome bewältigen und mit der Heilung beginnen können. Und was am wichtigsten ist: Es kann Sie an Ihre eigene Stärke und Belastbarkeit erinnern.

Weil du das Schlimmste bereits überstanden hast. Du hast dein Trauma durchlebt und bist immer noch hier. Du kämpfst immer noch. Das erfordert unglaubliche Kraft. Und wenn Sie es bis hierher geschafft haben, haben Sie das Zeug zur Heilung.

Möglicherweise fühlen Sie sich im Moment nicht mutig. Möglicherweise fühlen Sie sich verängstigt, müde oder überfordert. Aber die Tatsache, dass Sie hier sind, dieses Buch lesen, bereit, sich Ihrem Trauma zu stellen und mit der Heilung zu beginnen – das ist mutig. Das ist unglaublich mutig.

Also atme tief durch. Spüren Sie, wie Ihre Füße den Boden berühren. Denken Sie daran, dass Sie in diesem Moment in Sicherheit sind. Und wissen Sie, dass Sie bald eine Reise beginnen werden, die Ihr Leben verändern wird. Es wird nicht immer einfach sein, aber es wird sich lohnen.

Sind Sie bereit? Lass uns anfangen.

KAPITEL 1

DIE AUSWIRKUNGEN VON TRAUMA
VERSTEHEN

„Die menschliche Fähigkeit, Lasten zu tragen, ist wie Bambus – viel flexibler, als man auf den ersten Blick jemals glauben würde."

Jodi Picoult

Trauma ist für jeden anders. Es ändert sich je nachdem, wie jeder Mensch es sieht und wie stark er ist. Um Traumata wirklich zu verstehen, müssen wir ihre verschiedenen Formen erkennen.

Trauma ist eine emotionale Reaktion auf ein sehr belastendes Ereignis. Es überwältigt uns und gibt uns das Gefühl, hilflos und verändert zu sein. Aber bei einem Trauma geht es nicht nur um das Ereignis selbst; Es geht auch darum, wie wir mit diesen Erfahrungen umgehen und sie verstehen.

Lassen Sie uns die drei Hauptformen von Traumata aufschlüsseln:

1. *Akutes Trauma:* Das ist es, was sich die meisten Menschen vorstellen, wenn sie an ein Trauma denken – ein einzelnes, eindringliches Ereignis, das unser Gefühl von Sicherheit und Kontrolle zerstört. Es könnte sich um einen Autounfall, einen gewalttätigen Übergriff oder die

Beobachtung eines schrecklichen Vorfalls handeln. Ein akutes Trauma trifft wie ein Blitzschlag und lässt uns taumeln und darum ringen, das Geschehene zu verstehen.

2. Chronisches Trauma: Stellen Sie sich ein Trauma als ein langsam brennendes Feuer vor, das unser Wohlbefinden allmählich schwächt. Chronische Traumata entstehen, wenn man sich über einen längeren Zeitraum in Stresssituationen befindet, beispielsweise anhaltender Missbrauch, eine Langzeiterkrankung oder das Leben in einem Kriegsgebiet. Es ist ein ständiger Kampf, der uns schwächt und unsere Sicht auf die Welt verändert.

3. Komplexes Trauma: Dies ist die heimtückischste Form von Trauma, die oft auf Kindheitserlebnissen beruht. Komplexe Traumata resultieren aus der wiederholten Exposition gegenüber verschiedenen traumatischen Ereignissen, häufig im Kontext zwischenmenschlicher Beziehungen. Stellen Sie sich ein Kind vor, das in einem instabilen Zuhause mit nachlässigen oder missbräuchlichen Betreuern aufwächst. Das Trauma wird mit ihrem sich entwickelnden Selbstbewusstsein verwoben und beeinträchtigt tiefgreifend ihre Fähigkeit, gesunde Beziehungen aufzubauen und sich durch das Leben zu bewegen.

Aber bei einem Trauma geht es nicht immer um weltbewegende Ereignisse. Geben Sie das Konzept der „großen T"- und „kleinen T"-Traumata ein. „Big T"-Traumata sind lebensbedrohliche oder äußerst belastende Ereignisse, die wir typischerweise mit einer posttraumatischen Belastungsstörung (PTSD) assoziieren. Dies sind die Traumata, die Schlagzeilen machen und sofort Mitgefühl hervorrufen.

„Kleine T"-Traumata hingegen sind kleinere, heimtückischere Erfahrungen, die unser emotionales Wohlbefinden mit der Zeit beeinträchtigen. Dazu können emotionale Vernachlässigung in der Kindheit, Mobbing oder der angesammelte Stress systemischer Diskriminierung gehören. Auch wenn jeder Vorfall für sich genommen geringfügig erscheinen mag, kann die Gesamtwirkung genauso verheerend sein wie ein einzelnes „Big T"-Ereignis.

Die Häufigkeit von Traumata in unserer Gesellschaft ist erschreckend. Studien deuten darauf hin, dass bis zu 70 % der Erwachsenen in den Vereinigten Staaten in ihrem

Leben mindestens ein traumatisches Ereignis erlebt haben. Das sind über 223 Millionen Menschen, die unter der Last eines Traumas leiden. Und das betrifft nicht nur Erwachsene – fast 40 % der Kinder erleben im Alter von 16 Jahren ein traumatisches Ereignis.

Diese Zahlen zeichnen ein ernüchterndes Bild einer Gesellschaft, die sich mit den weitreichenden Folgen des Traumas auseinandersetzt. Es ist eine stille Epidemie, die jeden Winkel unseres Lebens erfasst, von unseren persönlichen Beziehungen bis hin zu unseren beruflichen Aktivitäten. Das Verständnis von Traumata ist nicht nur Sache von Experten. Es ist wichtig für den Aufbau von Empathie, Belastbarkeit und Heilung sowohl für den Einzelnen als auch für die Gesellschaft.

Um die Auswirkungen eines Traumas wirklich zu verstehen, müssen wir untersuchen, wie es sich auf das Gehirn auswirkt. Traumata bleiben nicht nur in unserer Erinnerung; Es verändert die Bahnen unseres Gehirns, verändert unsere Gehirnchemie und verändert grundlegend die Art und Weise, wie wir die Welt sehen und mit ihr interagieren.

Im Zentrum der neurobiologischen Auswirkungen eines Traumas steht die Kampf-oder-Flucht-Reaktion. Dieser ursprüngliche Überlebensmechanismus, der über Millionen von Jahren der Evolution verfeinert wurde, läuft auf Hochtouren, wenn wir auf eine Bedrohung stoßen. Die Amygdala, eine kleine mandelförmige Struktur tief im Gehirn, fungiert als unser Frühwarnsystem. Wenn es eine Gefahr erkennt, löst es eine Kaskade physiologischer Reaktionen aus:

1. Der Hypothalamus signalisiert die Ausschüttung von Stresshormonen wie Cortisol und Adrenalin.

2. Herzfrequenz und Blutdruck steigen, wodurch sauerstoffreiches Blut zu den Muskeln gepumpt wird.

3. Nicht lebenswichtige Funktionen wie Verdauung und Immunantwort werden vorübergehend unterdrückt.

4. Der präfrontale Kortex, der für rationales Denken und Entscheidungsfindung verantwortlich ist, tritt gegenüber primitiveren Hirnregionen, die sich auf das Überleben konzentrieren, in den Hintergrund.

Diese Reaktion ist unglaublich nützlich, wenn man einer unmittelbaren physischen Gefahr ausgesetzt ist. Das Problem entsteht, wenn ein Trauma unser Gehirn in diesem hypervigilanten Zustand festhält. Bei Personen, die ein Trauma, insbesondere ein chronisches oder komplexes Trauma, erlebt haben, wird die Amygdala überaktiv. Es ist, als hätte man einen überempfindlichen Feueralarm, der beim geringsten Hauch von Rauch, real oder eingebildet, losgeht.

Dieser ständige Alarmzustand beeinträchtigt die Struktur und Funktion des Gehirns. Neuroimaging-Studien haben gezeigt, dass Traumata zu Folgendem führen können:

1. Reduziertes Volumen im Hippocampus, einer Region, die für die Gedächtnisbildung und emotionale Regulierung von entscheidender Bedeutung ist.

2. Erhöhte Aktivität in der Amygdala, was zu verstärkten Angstreaktionen und emotionaler Reaktivität führt.

3. Verminderte Aktivität im präfrontalen Kortex, was unsere Fähigkeit beeinträchtigt, Bedrohungen rational einzuschätzen und Emotionen zu regulieren.

4. Veränderungen im Stressreaktionssystem des Gehirns, die zu chronisch erhöhten Cortisolspiegeln führen.

Diese Veränderungen wirken sich nicht nur auf unser emotionales Wohlbefinden aus; Sie haben tiefgreifende Auswirkungen auf unsere körperliche Gesundheit. Traumata hinterlassen auf vielfältige Weise Spuren im Körper:

1. Chronische Schmerzen: Die ständige Anspannung und Hypervigilanz, die mit einem Trauma einhergehen, können zu anhaltenden Muskelschmerzen, Kopfschmerzen und anderen Formen chronischer Schmerzen führen.

2. Müdigkeit: Die Energie, die für die Aufrechterhaltung eines Zustands ständiger Wachsamkeit aufgewendet wird, kann zu starker Müdigkeit führen, die durch Schlaf scheinbar nicht geheilt wird.

3. Schlafstörungen: Traumata stören oft unseren Schlafrhythmus und führen zu Schlaflosigkeit, Albträumen oder unruhigem Schlaf. Dies verstärkt die

Müdigkeit weiter und beeinträchtigt die allgemeine Gesundheit.

4. *Verdauungsprobleme:* Die Unterdrückung der Verdauungsfunktionen bei Stress kann zu chronischen Magen-Darm-Problemen bis hin zum Reizdarmsyndrom führen.

5. *Geschwächtes Immunsystem:* Chronischer Stress aufgrund eines Traumas kann die Immunfunktion unterdrücken und uns anfälliger für Krankheiten und Infektionen machen.

6. *Herz-Kreislauf-Probleme:* Die ständige Flut an Stresshormonen kann das Risiko für Herzerkrankungen, Bluthochdruck und Schlaganfälle erhöhen.

Das Verständnis der neurobiologischen und physischen Auswirkungen von Traumata ist aus mehreren Gründen wichtig. Erstens beweist es, dass die Auswirkungen eines Traumas real sind und nicht „nur in Ihrem Kopf". Zweitens zeigt es, warum traditionelle Gesprächstherapie möglicherweise nicht ausreicht, um Traumata zu heilen. Schließlich hilft es uns, neue Behandlungsmethoden zu finden, die sowohl die geistigen als auch die körperlichen Aspekte von Traumata ansprechen.

Trauma existiert nicht im luftleeren Raum. Seine Auswirkungen wirken sich nach außen aus und berühren jeden Aspekt unseres Lebens und das Leben der Menschen um uns herum. Wie ein Stein, der in einen stillen Teich geworfen wird, erzeugt die Auswirkung eines Traumas Wellen, die durch unsere Umgebung und unsere Beziehungen entweder verstärkt oder abgeschwächt werden können.

Eine der tiefgreifendsten Manifestationen von Traumata sind unsere Beziehungen zu anderen. Die Natur eines Traumas – der Vertrauensbruch, die Zerstörung der Sicherheit – kann die Art und Weise, wie wir die Welt und die Menschen in ihr sehen und mit ihr interagieren, grundlegend verändern. Diese Auswirkungen sind in allen Arten von Beziehungen spürbar:

1. *Familienbeziehungen:* Ein Trauma kann die familiären Bindungen belasten, insbesondere wenn das Trauma innerhalb der Familie aufgetreten ist. Überlebende haben möglicherweise Probleme mit Vertrauen und emotionaler Intimität oder können unbewusst traumatische Muster nachspielen. Für

Eltern, die ein Trauma erlebt haben, besteht die zusätzliche Herausforderung, den Kreislauf zu durchbrechen und ihre Traumareaktionen nicht an ihre Kinder weiterzugeben.

2. Freundschaften: Für Trauma-Überlebende kann die Pflege von Freundschaften eine Herausforderung sein. Sie ziehen sich möglicherweise aus sozialen Interaktionen zurück, kämpfen mit Verletzlichkeit oder haben Schwierigkeiten, den Absichten anderer zu vertrauen. Manche fühlen sich möglicherweise zu ungesunden oder co-abhängigen Freundschaften hingezogen, die die traumatische Dynamik der Vergangenheit widerspiegeln.

3. Romantische Partnerschaften: Vielleicht sind die Auswirkungen eines Traumas nirgendwo stärker zu spüren als in romantischen Beziehungen. Trauma kann jeden Aspekt der Intimität beeinträchtigen – emotional, körperlich und sexuell. Überlebende haben möglicherweise mit Bindungsproblemen zu kämpfen und schwanken zwischen Bedürftigkeit und emotionaler Distanz. Vertrauen und Verletzlichkeit, die Eckpfeiler gesunder Beziehungen, können sich unglaublich riskant anfühlen.

Die Auswirkungen von Traumata gehen weit über unsere persönlichen Beziehungen hinaus. Es dringt in jeden Winkel unseres täglichen Lebens ein und beeinträchtigt unsere Fähigkeit, in der Arbeit, in der Schule und in anderen sozialen Umgebungen zu funktionieren:

1. Arbeitsleistung: Traumata können das Berufsleben erheblich beeinträchtigen. Konzentrationsschwierigkeiten, erhöhte Stressreaktionen und zwischenmenschliche Herausforderungen können sich alle auf die Arbeitsleistung auswirken. Einige Traumaüberlebende werden möglicherweise zu Workaholics und nutzen die Arbeit, um den Umgang mit ihren Emotionen zu vermeiden. Andere könnten aufgrund traumabedingter Symptome Schwierigkeiten haben, ihren Arbeitsplatz aufrechtzuerhalten.

2. Akademische Leistung: Für Studierende kann ein Trauma ein großes Lernhindernis darstellen. Konzentrationsschwierigkeiten, Gedächtnisprobleme und emotionale Dysregulation können die schulischen Leistungen beeinträchtigen. Darüber hinaus können die sozialen Aspekte der Schule für Überlebende eines

Traumas eine Herausforderung darstellen und möglicherweise zu Isolation oder Konflikten mit Gleichaltrigen führen.

3. *Tägliches Funktionieren:* Selbst die alltäglichsten Aspekte des täglichen Lebens können nach einem Trauma zu einer Herausforderung werden. Einfache Aufgaben wie Lebensmitteleinkauf oder die Nutzung öffentlicher Verkehrsmittel können Angstzustände oder Panikattacken auslösen. Überlebende eines Traumas können ausgefeilte Vermeidungsstrategien entwickeln, die ihre Auseinandersetzung mit der Welt einschränken.

Einer der heimtückischsten Aspekte des Traumas ist seine Fähigkeit, Generationen zu überschreiten. Dieses als intergenerationelles oder transgenerationelles Trauma bekannte Phänomen tritt auf, wenn die psychologischen Auswirkungen eines Traumas von einer Generation an die nächste weitergegeben werden. Diese Übertragung kann über verschiedene Mechanismen erfolgen:

1. *Biologisch:* Untersuchungen legen nahe, dass Traumata tatsächlich die Genexpression verändern und möglicherweise eine Veranlagung für stressbedingte

Störungen an zukünftige Generationen weitergeben können.

2. Psychologisch: Kinder lernen, indem sie ihre Eltern beobachten. Wenn ein Elternteil mit einem ungelösten Trauma zu kämpfen hat, können seine Bewältigungsmechanismen (sowohl gesunde als auch ungesunde) unbewusst von seinen Kindern übernommen werden.

3. Soziokulturell: Traumata, die ganze Gemeinschaften oder Kulturen betreffen (wie Völkermord, Sklaverei oder systemische Unterdrückung), können durch kollektives Gedächtnis, kulturelle Praktiken und gesellschaftliche Strukturen weitergegeben werden.

Zum Abschluss dieses Kapitels möchte ich Sie daran erinnern, dass die Auswirkungen eines Traumas zwar tiefgreifend und weitreichend sind, es sich jedoch nicht um eine lebenslange Haftstrafe handelt. Der menschliche Geist ist bemerkenswert widerstandsfähig und mit der richtigen Unterstützung, dem richtigen Verständnis und den richtigen Werkzeugen ist Heilung möglich. In den folgenden Kapiteln werden wir uns mit praktischen Möglichkeiten befassen, mit den Folgen eines Traumas umzugehen, Beziehungen wieder aufzubauen und ein Gefühl von Sicherheit und Freude in der Welt zurückzugewinnen.

KAPITEL 2

Den Mut zur Heilung finden

„Heilung bedeutet nicht, dass der Schaden nie existiert hat. Es bedeutet, dass der Schaden nicht länger unser Leben kontrolliert."

Akshay Dubey

Wie oft haben Überlebende von Traumata wohlmeinende, aber fehlgeleitete Ratschläge gehört *"Komm damit klar"* oder *"weitergehen"*? Diese Plattitüden minimieren nicht nur die tiefgreifenden Auswirkungen eines Traumas, sondern halten auch einen gefährlichen Mythos über die Natur der Heilung aufrecht. Die Wahrheit ist, dass die Heilung von Traumata selten ein einfacher Weg ist. Es ähnelt eher einer kurvenreichen Straße mit unerwarteten Kurven, gelegentlichen Sackgassen und Momenten atemberaubender Klarheit.

Die Vorstellung, dass Heilung einem linearen Verlauf folgt, ist tief in unserer kulturellen Psyche verwurzelt. Wir gehen davon aus, dass emotionale Wunden genauso heilen wie körperliche – ein stetiger Weg von der Verletzung zur Genesung. Aber Traumata halten sich nicht an diese Regeln. Die Heilung von Traumata ist oft ein nichtlinearer Prozess, der von Schwierigkeiten, Fortschritten und Rückschlägen geprägt ist.

Eine im Journal of Traumatic Stress veröffentlichte Studie ergab, dass 74 % der Personen, die eine anfängliche Verbesserung der PTSD-Symptome zeigten, in den folgenden 15 Monaten mindestens eine Phase der Symptomverschlimmerung erlebten. Das bedeutet nicht, dass sie nicht geheilt haben; Vielmehr veranschaulicht es die komplexe, schwankende Natur der Trauma-Erholung.

Ihr Verständnis dieser nichtlinearen Natur der Heilung ist wichtig, weil:

1. Es beseitigt den Druck unrealistischer Erwartungen. Wenn wir verstehen, dass Rückschläge ein normaler Teil des Heilungsprozesses sind, ist es weniger wahrscheinlich, dass wir uns entmutigen lassen oder aufgeben, wenn sie auftreten.

2. Es ermöglicht einen mitfühlenderen Ansatz bei der Genesung. Anstatt uns selbst dafür zu beschimpfen, dass wir nicht schnell genug darüber hinwegkommen, können wir uns selbst Freundlichkeit und Geduld entgegenbringen.

3. Es hilft uns, kleine Siege zu erkennen und zu feiern. Auf einer nichtlinearen Heilungsreise ist jeder Schritt vorwärts, egal wie klein, bedeutsam.

Im Mittelpunkt dieses Verständnisses steht die Bedeutung der Anerkennung und Validierung der Auswirkungen von Traumata. Das Abtun oder Minimieren eines Traumas führt nicht dazu, dass es verschwindet; es treibt es einfach in den Untergrund, wo es seinen Einfluss auf subtile, heimtückische Weise weiter ausüben kann. Anerkennung ist der erste Schritt zur Heilung.

Das bedeutet nicht, dass wir im Schmerz der Vergangenheit schwelgen oder uns ausschließlich über unsere traumatischen Erfahrungen definieren. Vielmehr geht es darum, uns die Erlaubnis zu geben, die gesamte Bandbreite an Emotionen zu spüren, die mit unserem Trauma verbunden sind – Wut, Trauer, Angst und sogar Momente unerwarteter Freude oder Erleichterung. Es geht darum zu sagen: „Ja, das ist mir passiert und es hat mich zutiefst berührt. Meine Gefühle sind berechtigt."

Die Genesung nach einem Trauma erfolgt oft in Phasen, die jedoch nicht starr oder sequentiell sind. Sie überschneiden sich häufig und einzelne Personen können zwischen ihnen hin- und herwechseln. Das Verständnis dieser Phasen kann Sie auf Ihrem Heilungsweg unterstützen:

Stufe 1: Schock und Unglaube

Unmittelbar nach einem traumatischen Ereignis kommt es häufig vor, dass man sich taub, distanziert oder sogar unwirklich fühlt. Auf diese Weise schützt Ihr Körper Sie vor den vollen Auswirkungen des Geschehens. Möglicherweise haben Sie Schwierigkeiten, sich zu konzentrieren, zu schlafen oder zu essen. Es kommt auch häufig vor, dass man sich überfordert, verwirrt oder sogar wütend fühlt.

Stufe 2: Vermeidung und Verleugnung

In dieser Phase versuchen Sie möglicherweise, alles zu vermeiden, was Sie an das Trauma erinnert. Dazu können Menschen, Orte, Gedanken oder Gefühle gehören. Sie könnten auch versuchen, zu leugnen, dass das Trauma passiert ist, oder seine Auswirkungen herunterzuspielen. Dies ist ein normaler Bewältigungsmechanismus, aber es ist wichtig, sich dem Trauma irgendwann zu stellen, um zu heilen.

Stufe 3: Aufdringliche Gedanken und Erinnerungen

Wenn Sie beginnen, das Trauma zu verarbeiten, erleben Sie möglicherweise Flashbacks, Albträume oder aufdringliche Gedanken. Diese können sehr belastend sein, sind aber ein normaler Teil des Heilungsprozesses. Möglicherweise haben Sie auch körperliche Symptome wie Kopfschmerzen, Bauchschmerzen oder Schlafstörungen.

Stufe 4: Emotionale Achterbahnfahrt

In dieser Phase erleben Sie möglicherweise eine Vielzahl von Emotionen, darunter Traurigkeit, Wut, Schuldgefühle, Scham und Angst. Möglicherweise fühlen Sie sich auch überfordert, hoffnungslos oder sogar selbstmörderisch. Versuchen Sie in dieser Zeit, Unterstützung zu erhalten. Sprechen Sie mit einem Therapeuten, schließen Sie sich einer Selbsthilfegruppe an oder vernetzen Sie sich mit Ihren Lieben.

Stufe 5: Akzeptanz und Integration

In dieser Phase beginnen Sie, sich mit dem Trauma und seinen Auswirkungen auf Ihr Leben auseinanderzusetzen. Möglicherweise haben Sie immer noch einige schwierige Emotionen, aber Sie sind in der Lage, effektiver damit umzugehen. Sie beginnen, Ihr

Leben neu aufzubauen und einen neuen Sinn und Zweck zu finden.

Stufe 6: Wachstum und posttraumatisches Wachstum

Viele Menschen erleben ein posttraumatisches Wachstum, eine positive psychologische Veränderung, die als Folge der Auseinandersetzung mit einem traumatischen Ereignis auftritt. Dazu können eine größere Wertschätzung für das Leben, stärkere Beziehungen, neue persönliche Stärken und ein tieferes Gefühl der Spiritualität gehören.

STIFTUNG FÜR GENESUNG

Im Zentrum der Traumaheilung steht ein wirkungsvolles, oft übersehenes Werkzeug: Selbstmitgefühl. In einer Welt, in der Selbstkritik oft mit Motivation und Selbstmitgefühl mit Nachsicht gleichgesetzt wird, kann sich Freundlichkeit gegenüber sich selbst revolutionär anfühlen. Doch die Forschung zeigt immer wieder, dass Selbstmitgefühl ein Eckpfeiler des psychischen Wohlbefindens und der Belastbarkeit ist.

Was genau ist Selbstmitgefühl? Die Psychologin Kristin Neff, eine Pionierin der Selbstmitgefühlsforschung, definiert es als aus drei Schlüsselkomponenten bestehend:

1. *Selbstfreundlichkeit:* Wir behandeln uns selbst mit der gleichen Freundlichkeit und dem gleichen Verständnis, das wir einem guten Freund entgegenbringen würden.

2. *Gemeinsame Menschheit:* In der Erkenntnis, dass Leiden und persönliche Unzulänglichkeit Teil der gemeinsamen menschlichen Erfahrung sind.

3. *Achtsamkeit:* Unsere Gedanken und Gefühle ohne Wertung beobachten, sie weder unterdrücken noch übertreiben.

Für Überlebende eines Traumas kann die Entwicklung von Selbstmitgefühl eine besondere Herausforderung sein. Ein Trauma hinterlässt bei uns oft einen scharfen inneren Kritiker, Gefühle der Scham oder Unwürdigkeit und das Gefühl, grundlegend anders oder geschädigt zu sein. Selbstmitgefühl wirkt diesen traumabedingten Überzeugungen direkt entgegen und bietet eine Grundlage für Heilung.

Wie können Sie Selbstmitgefühl kultivieren:

1. *Die Selbstmitgefühlspause:* Wenn Sie bemerken, dass Sie Schwierigkeiten haben, halten Sie inne und erkennen Sie Ihren Schmerz an. Legen Sie Ihre Hände auf Ihr Herz und sagen Sie sich:

„Dies ist ein Moment des Leidens" (Achtsamkeit)

„Leiden ist ein Teil des Lebens" (Common Humanity)

„Möge ich in diesem Moment freundlich zu mir selbst sein" (Selbstfreundlichkeit)

2. Mitfühlendes Schreiben von Briefen: Schreiben Sie einen Brief an sich selbst aus der Perspektive eines bedingungslos liebenden Freundes. Was würden sie über Ihre Probleme sagen? Wie würden sie Trost und Unterstützung bieten?

3. Beruhigende Berührung: Experimentieren Sie mit verschiedenen selbstberuhigenden Gesten, wie zum Beispiel eine Hand auf Ihre Wange zu legen, sich selbst zu umarmen oder sanft Ihren Arm zu streicheln. Beachten Sie, wie Sie sich durch diese körperlichen Akte der Selbstfreundlichkeit fühlen.

4. Liebevolle Güte-Meditation: Üben Sie, sich selbst und anderen Wohlfühlwünsche zu senden. Beginnen mit:

„Möge ich in Sicherheit sein. Möge ich friedlich sein. Möge ich freundlich zu mir selbst sein. Möge ich mich selbst so akzeptieren, wie ich bin."

Dann erweitern Sie diese Wünsche auf geliebte Menschen, neutrale Personen und sogar auf diejenigen, die Ihnen Schwierigkeiten bereiten.

5. *Mantra des Selbstmitgefühls:* Entwickeln Sie ein persönliches Mantra, das Sie in Momenten der Not anwenden können. Zum Beispiel: „Ich gebe mit dem, was ich gerade habe, mein Bestes" oder „Ich verdiene Freundlichkeit und Verständnis, besonders wenn ich Probleme habe."

Diese Praktiken können zunächst unangenehm oder sogar unangenehm sein, insbesondere wenn Sie es nicht gewohnt sind, sich selbst mit Freundlichkeit zu begegnen. Das ist okay. Selbstmitgefühl ist eine Fähigkeit, die durch Übung entwickelt werden kann.

Aber wie unterstützt Selbstmitgefühl die Traumaheilung? Auf vielfältige Weise:

1. *Es wirkt Scham und Selbstvorwürfen entgegen:* Viele Überlebende von Traumata kämpfen mit starken Schamgefühlen oder der Überzeugung, dass sie irgendwie für ihre Erfahrungen verantwortlich sind. Selbstmitgefühl trägt dazu bei, diese Erzählung zu verändern und die Selbstakzeptanz und das Selbstverständnis zu steigern.

2. Es reguliert das Nervensystem: Selbstmitgefühl aktiviert das Pflegesystem von Säugetieren und setzt Oxytocin und Opiate frei, die dabei helfen, die Stressreaktion des Körpers zu lindern.

3. Es stärkt die emotionale Belastbarkeit: Indem wir unserem Schmerz mit Freundlichkeit begegnen, sind wir besser darauf vorbereitet, mit schwierigen Emotionen umzugehen, ohne überwältigt oder abgeschaltet zu werden.

4. Es fördert die Selbstfürsorge: Wenn wir uns selbst mit Mitgefühl begegnen, neigen wir eher zu Verhaltensweisen, die unser Wohlbefinden und unsere Heilung unterstützen.

5. Es fördert die Verbindung: Indem wir unsere gemeinsame Menschlichkeit anerkennen, hilft uns Selbstmitgefühl, uns in unserem Leiden weniger isoliert zu fühlen und mehr mit anderen verbunden zu sein.

Freundlich zu sich selbst zu sein bedeutet nicht, sich der Verantwortung zu entziehen oder sich nicht weiterentwickeln zu wollen. Tatsächlich zeigen Studien, dass Menschen, die Selbstmitgefühl praktizieren, eher zu ihren Handlungen stehen, aus ihren Fehlern lernen und motivierter sind, besser zu werden.

Resilienz – die bemerkenswerte menschliche Fähigkeit, Widrigkeiten zu widerstehen und sich von den Herausforderungen des Lebens zu erholen – ist keine Eigenschaft, mit der wir geboren werden oder ohne die wir nicht geboren werden. Es handelt sich um eine Reihe von Fähigkeiten, die kultiviert werden können, eine Kraftquelle, die erschlossen und erweitert werden kann.

Doch was genau ist Resilienz? Es geht um mehr als nur „hart durchzuhalten" oder ein mutiges Gesicht aufzusetzen. Resilienz ist die Fähigkeit, sich angesichts von Widrigkeiten, Traumata oder erheblichem Stress anzupassen. Es geht darum, sich zu beugen, ohne zu brechen, sich von Rückschlägen zu erholen und durch die Herausforderungen des Lebens sogar stärker zu werden.

Zu den wichtigsten Merkmalen resilienter Personen gehören:

1. Emotionales Bewusstsein und Regulierung

2. Optimismus und eine positive Einstellung

3.   Starke   soziale   Verbindungen   und Unterstützungssysteme

4. Problemlösungsfähigkeiten und Einfallsreichtum

5. Sinn und Zweck

6. Fähigkeit, Misserfolge als hilfreiches Feedback zu betrachten

Denken Sie daran, dass Resilienz nicht die Abwesenheit von Stress oder negativen Emotionen bedeutet. Resiliente Menschen erleben immer noch Schmerz, Trauer und Kampf. Der Unterschied liegt darin, wie sie auf diese Herausforderungen reagieren und in ihrer Fähigkeit, angesichts von Widrigkeiten psychologische Flexibilität zu bewahren.

Im Laufe der Geschichte und in unserer Gegenwart finden wir inspirierende Beispiele von Menschen, die angesichts von Traumata außergewöhnliche Widerstandsfähigkeit bewiesen haben:

Denken Sie an Viktor Frankl, einen Psychiater, der den Holocaust überlebte und anschließend die Logotherapie entwickelte, eine Form der Existenzanalyse. Obwohl Frankl unvorstellbares Leid erdulden musste, brachte er die kraftvolle Botschaft mit, selbst in den dunkelsten Umständen einen Sinn zu finden. Seine Erfahrung brachte ihn zu dem Schluss: „Einem Menschen kann alles genommen werden, bis auf eines: die letzte menschliche Freiheit – die eigene Einstellung unter allen gegebenen Umständen zu wählen, seinen eigenen Weg zu wählen."

Oder nehmen Sie Malala Yousafzai, die ein Attentat der Taliban überlebte, weil sie sich in Pakistan für die Bildung von Mädchen einsetzte. Anstatt zum Schweigen gebracht zu werden, nutzte sie ihre Erfahrung, um ihre Stimme zu verstärken und wurde die jüngste Nobelpreisträgerin und eine weltweite Verfechterin von Bildung und Frauenrechten.

Diese Geschichten über Resilienz sollen nicht die Auswirkungen von Traumata minimieren oder suggerieren, dass Überlebende einfach „darüber hinwegkommen" sollten. Sie veranschaulichen vielmehr die unglaubliche Fähigkeit des menschlichen Geistes, nach traumatischen Erlebnissen Stärke, Sinn und sogar Wachstum zu finden.

Wie können wir also unsere eigene Widerstandsfähigkeit nutzen und stärken?

1. Schaffen Sie Selbstbewusstsein Achten Sie auf Ihre Gedanken, Gefühle und Reaktionen. Das Verstehen Ihrer Muster ist der erste Schritt, um sie zu ändern.

2. Achtsamkeit üben: Achtsamkeitsmeditation kann Ihnen helfen, im gegenwärtigen Moment geerdet zu bleiben und Ängste vor der Zukunft und Grübeln über die Vergangenheit zu reduzieren.

3. Entwickeln Sie eine Wachstumsmentalität: Betrachten Sie Herausforderungen als Chancen für Lernen und Wachstum und nicht als unüberwindbare Hindernisse.

4. Soziale Verbindungen aufbauen und pflegen: Starke Beziehungen sind ein Schlüsselfaktor für Resilienz. Wenden Sie sich an vertrauenswürdige Freunde, Familienangehörige oder Selbsthilfegruppen.

5. Achten Sie auf Ihre körperliche Gesundheit: Regelmäßige Bewegung, eine ausgewogene Ernährung und ausreichend Schlaf tragen zu Ihrer allgemeinen Belastbarkeit bei.

6. Nehmen Sie an sinnvollen Aktivitäten teil: Gehen Sie Hobbys, ehrenamtlicher Arbeit oder anderen Aktivitäten nach, die Ihnen ein Gefühl von Sinn und Leistung vermitteln.

7. Übe Dankbarkeit: Regelmäßiges Erkennen des Guten in Ihrem Leben, auch in schwierigen Zeiten, kann Ihre Perspektive verändern und Ihre Widerstandsfähigkeit stärken.

8. Setzen Sie sich realistische Ziele: Teilen Sie größere Ziele in kleinere, überschaubare Schritte auf. Jeder kleine Erfolg stärkt das Selbstvertrauen und die Widerstandskraft.

9. Lernen Sie aus vergangenen Erfahrungen: Denken Sie darüber nach, wie Sie in der Vergangenheit Herausforderungen gemeistert haben. Welche Strategien haben funktioniert? Wie können Sie diese Lektionen auf aktuelle Schwierigkeiten anwenden?

10. Suchen Sie bei Bedarf professionelle Hilfe auf: Manchmal erfordert der Aufbau von Resilienz die Unterstützung eines Psychologen, insbesondere bei der Bewältigung von Traumata.

Diese Strategien mögen für Sie so einfach erscheinen, aber sie sind sehr wirkungsvoll. Versuchen Sie, sie in die Praxis umzusetzen, und Sie werden erstaunt sein, wie schnell Sie Ihre innere Stärke aufbauen.

Angesichts eines Traumas kann es wie eine unüberwindbare Aufgabe erscheinen, den Mut zur

Heilung zu finden. Aber indem Sie die nichtlineare Natur der Heilung verstehen, Selbstmitgefühl kultivieren und Ihre angeborene Widerstandsfähigkeit nutzen, rüsten Sie sich mit leistungsstarken Werkzeugen für diese Reise aus.

Wir kritisieren uns oft, ohne darüber nachzudenken. Wir erniedrigen uns selbst und geben anderen den Vorrang, ohne uns schuldig zu fühlen. Ohne es überhaupt zu merken, hegen wir negative Gedanken über uns selbst und zweifeln an unseren Fähigkeiten und unserem Wert. Diese Angewohnheit bleibt unbestritten und führt dazu, dass wir uns aus Selbstschutz ständig selbst sabotieren. Die Idee ist, dass, wenn wir uns zuerst selbst verletzen, andere keine Chance dazu bekommen – der Schaden wird bereits von jemandem angerichtet, der uns vertraut ist: uns selbst.

Diese ständige Selbstsabotage führt zu einem anhaltenden internen Konflikt. Es fühlt sich für unseren Körper unnatürlich an, aggressive und giftige Gedanken zu ertragen, die auf uns selbst gerichtet sind. Deshalb sollte es Ihre oberste Priorität sein, Frieden mit sich selbst zu schließen. Konzentrieren Sie sich immer zuerst auf die Selbstverbesserung. Wie können Sie in Beziehungen, in der Karriere oder im Leben erfolgreich sein, wenn Sie es nicht zuerst mit sich selbst geschafft haben?

Wie erreicht man also inneren Frieden? Wie fängt man an, sich selbst zu lieben?

Selbstbewusstsein in Gedanken entwickeln

Die Reise zu einem besseren Leben beginnt mit Selbsterkenntnis, einem zeitlosen Ratschlag, der in dem Satz „Erkenne dich selbst" zusammengefasst wird. Kennst du dich wirklich? Sind Sie sich der Gedanken bewusst, die Ihren Geist erfüllen? Wenn nicht, ist es an der Zeit, Ihren Fokus zu schärfen. Lenken Sie Ihre Aufmerksamkeit von externen Faktoren wie dem Wetter, Kollegen, Klassenkameraden, Freunden und Familie ab. Richten Sie Ihren Fokus nach innen. Welche Gedanken kreisen gerade in Ihrem Kopf?

Gib nicht auf; Konzentriere dich weiter. Die Steigerung Ihres Bewusstseins und Ihrer Konzentration kann eine Herausforderung sein, aber die Belohnung ist die Mühe wert. Jetzt, da Sie einen Einblick in die Gedanken gewinnen, die Ihren Geist, Körper und Geist prägen, unternehmen Sie proaktive Schritte.

Wie handeln Sie, wenn das Schlachtfeld in Ihnen liegt? Ändern Sie das Spiel zu Ihren Gunsten. Übernehmen Sie die Kontrolle über sich selbst – den Meister Ihrer Gedanken, Emotionen und Gefühle. Zeigen Sie Ihrem Autopilot-Gehirn, wer das Sagen hat.

Um dies zu erreichen, verbessern Sie Ihre Fokussierungskraft. Trainieren Sie Ihr Gehirn, Ihren Befehlen zu folgen. Seien Sie gewarnt: Es wird nicht so leicht aufgeben. Sie werden mit anfänglichen Schwierigkeiten konfrontiert sein. Der entscheidende Teil ist, dass Sie Ihr Gehirn sofort anweisen, den Gang zu wechseln, wenn Sie einen negativen, selbstzerstörerischen Gedanken über sich selbst oder Ihre Umgebung bemerken. Aktualisieren Sie Ihr mentales Betriebssystem, indem Sie negative Gedanken durch positive ersetzen.

Setzen Sie diese Gewohnheit jeden Tag konsequent um, und Sie werden bemerkenswerte Veränderungen in Ihrem Inneren und um Sie herum feststellen. Erhöhtes Einfühlungsvermögen, Offenheit und Anpassungsfähigkeit werden zu Ihren Stärken. Sie werden Positivität ausstrahlen. Wenn wir unser eigenes Licht leuchten lassen, geben wir anderen unbewusst die Erlaubnis, dasselbe zu tun.

Verbesserung der Selbstwahrnehmung in der Körpersprache

Wussten Sie, dass 96 % unserer Kommunikation ohne Worte auskommt? Das meiste, was wir ausdrücken, geschieht durch unsere Körpersprache, eine wirkungsvolle Form der Kommunikation mit uns selbst und anderen. Achten Sie auf Ihren Körper. Was vermittelt Ihre Körperhaltung gerade? Welche Botschaft soll Ihr Körper an sich selbst und Ihre Mitmenschen senden? Bringen Sie Ihrem Körper bei, Ihrem Beispiel zu folgen. Lernen Sie, mit Ihrer Körpersprache umzugehen.

Jedes Detail zählt. Wie Sie sich positionieren, ob Sie lächeln oder nicht – es vermittelt Ihnen und Ihren Mitmenschen, wer Sie sind. Wenn Sie Ihre Arme öffnen und Ihren Kopf hochheben, öffnen Sie sich nicht nur für andere, sondern auch für sich selbst und das Universum.

Möglicherweise befinden Sie sich häufig in Haltungen mit geringer Kraft. Ersetzen Sie diese schnell durch Hochleistungshaltungen. Projizieren Sie sich so, wie Sie gesehen werden möchten. Fragen Sie sich immer wieder: Wie würde die Person, die ich werden möchte, in diesem Moment erscheinen?

Um sich selbstbewusst und positiv zu fühlen, präsentieren Sie sich als selbstbewusste und positive Person. Wenn Sie Augenkontakt vermeiden und den Blick nach unten richten, werden Sie von anderen nicht ernst genommen und zeigen, dass Sie sich selbst und anderen unwohl fühlen. Verdienen Sie sich Respekt von anderen, indem Sie zuerst sich selbst respektieren. Alles beginnt damit, was Ihre Körpersprache über Sie ausdrückt. Unterschätzen Sie niemals den Einfluss Ihrer Körpersprache, Ihres Stimmtons, Ihres Gangs und Ihrer Gesten. Jeder Aspekt sagt etwas über Sie aus, und die Leute werden es bemerken.

Fühlen Sie sich wohl mit Ihrem Körper, er wird kooperieren und Sie dorthin bringen, wohin Sie wollen. Wenn Sie Selbstvertrauen wünschen, zwingen Sie Ihren Körper, Selbstvertrauen auszustrahlen.

Qualitätszeit allein

Um sich selbst zu verstehen, ist ein einfacher Schritt erforderlich: Zeit alleine verbringen. Wenn wir einen Fremden kennenlernen, investieren wir gerne Stunden in die Diskussion über seine Interessen, wer er ist und welche positiven Eigenschaften er hat. Warum nicht uns selbst die gleiche Höflichkeit entgegenbringen? Es ist faszinierend, wie oft wir anderen den Vorrang vor uns selbst geben und glauben, dass sie unsere Zeit mehr verdienen als wir. Ist das nicht überraschend?

Nehmen Sie sich jeden Tag mindestens 30 Minuten exklusiv für Sie zur Verfügung. Kein anderer. Keine äußeren Ablenkungen. Wo auch immer Sie sind, mit wem auch immer Sie zusammen sind, stellen Sie sicher, dass Sie eine starke, bedeutungsvolle Verbindung zu Ihrem inneren Selbst aufrechterhalten. Nichts und niemand sollte diese Verbindung behindern.

Die Person, die Ihnen am nächsten steht, sollten immer Sie selbst sein; Andernfalls ermächtigen Sie jemanden außerhalb von Ihnen, Ihre Gefühle, Handlungen und Erfahrungen zu beeinflussen. Kritiker mögen Sie als egoistisch oder egoistisch bezeichnen, aber oft projizieren sie ihr eigenes Unglück. Um die Bedeutung der Nähe zu sich selbst zu begreifen, erreichen Sie eine höhere Bewusstseinsebene. Sie können nicht wirklich erfolgreich sein oder anderen helfen, ohne sich selbst zu helfen. Um Liebe mit anderen zu teilen, musst du zuerst

dir selbst Liebe schenken. Aus meiner Sicht ist dies ein
unerschütterliches Prinzip.

KAPITEL 3

HEILEN SIE IHRE VERGANGENEN WUNDEN

„Die Wunde ist der Ort, an dem das Licht in dich eindringt."

Rumi

Wenn es um die Heilung von Traumata geht, gibt es keine allgemeingültige Lösung. Unterschiedliche Ansätze funktionieren für unterschiedliche Personen, und was dem einen hilft, kommt bei einem anderen möglicherweise nicht an. Mehrere evidenzbasierte Therapien haben sich jedoch als vielversprechend erwiesen, um Trauma-Überlebenden dabei zu helfen, ihre Erfahrungen zu verarbeiten und ihr Leben zurückzugewinnen. Schauen wir uns einige der wirksamsten Traumatherapien an:

1. Desensibilisierung und Wiederaufbereitung von Augenbewegungen (EMDR):

EMDR ist eine psychotherapeutische Behandlung, die ursprünglich darauf abzielte, die mit traumatischen Erinnerungen verbundenen Belastungen zu lindern. Es basiert auf der Idee, dass ein traumatisches oder belastendes Erlebnis die normalen Bewältigungsmechanismen des Gehirns überfordern und die Erinnerung unverarbeitet zurücklassen kann. Diese unverarbeitete Erinnerung kann dann durch Erinnerungen in der Umgebung ausgelöst werden und zu Symptomen einer PTBS oder anderen traumabedingten Störungen führen.

Wie es funktioniert: Während der EMDR-Therapie konzentriert sich der Klient auf eine traumatische Erinnerung und erfährt gleichzeitig eine bilaterale Stimulation, typischerweise in Form von seitlichen Augenbewegungen. Dieser Prozess scheint dem Gehirn zu helfen, die Erinnerung neu zu verarbeiten, ihre emotionale Ladung zu reduzieren und sie in den breiteren Kontext der Lebenserfahrungen des Einzelnen zu integrieren.

Mögliche Vorteile: Es wurde gezeigt, dass EMDR die Symptome von PTBS, Angstzuständen und Depressionen deutlich reduziert. Viele Klienten berichten von einer Verringerung der Lebendigkeit und emotionalen Intensität traumatischer Erinnerungen nach der EMDR-Behandlung.

2. Kognitive Verhaltenstherapie (CBT):

CBT ist eine Form der Psychotherapie, die sich auf die Identifizierung und Änderung negativer

Gedankenmuster und Verhaltensweisen konzentriert. Für Überlebende von Traumata kann CBT besonders hilfreich sein, um die verzerrten Überzeugungen und Denkmuster anzugehen, die oft im Zuge traumatischer Erfahrungen entstehen.

Wie es funktioniert: Bei der kognitiven Verhaltenstherapie hilft der Therapeut dem Klienten, negative Gedankenmuster und Überzeugungen im Zusammenhang mit seinem Trauma zu erkennen. Gemeinsam arbeiten sie daran, diese Gedanken zu hinterfragen und ausgewogenere, realistischere Perspektiven zu entwickeln. Die Therapie umfasst häufig auch Expositionstechniken, bei denen der Klient in einer sicheren, kontrollierten Umgebung nach und nach mit traumabedingten Ängsten konfrontiert wird.

Mögliche Vorteile: Es hat sich gezeigt, dass CBT die Symptome von posttraumatischer Belastungsstörung, Depression und Angstzuständen sehr wirksam reduziert. Es kann Klienten dabei helfen, Bewältigungsfähigkeiten zu entwickeln, die emotionale Regulierung zu verbessern und Verhaltensweisen zu ändern, die möglicherweise ihre traumabedingten Symptome aufrechterhalten.

3. Somatisches Erleben:

Somatic Experiencing ist ein körperorientierter Ansatz zur Heilung von Traumata, der von Dr. Peter Levine entwickelt wurde. Diese Methode basiert auf der Idee, dass Traumata im Körper gespeichert werden und dass Heilung die Freisetzung dieser gespeicherten Energie und die Vervollständigung der natürlichen Stressreaktion des Körpers beinhaltet.

Wie es funktioniert: Beim Somatic Experiencing leitet der Therapeut den Klienten an, sich auf die mit dem Trauma verbundenen Körperempfindungen einzustimmen. Der Klient wird ermutigt, diese Empfindungen wahrzunehmen und zu beschreiben, ohne überwältigt zu werden. Durch diesen Prozess ist der Körper in der Lage, Stressreaktionen zu vervollständigen, die während des traumatischen Ereignisses möglicherweise unterbrochen wurden.

Mögliche Vorteile: Viele Klienten berichten von einer Verringerung der körperlichen Symptome eines Traumas (wie chronische Schmerzen oder Verspannungen), einer verbesserten Fähigkeit, Emotionen zu regulieren, und einem stärkeren Gefühl der Präsenz in ihrem Körper.

4. Dialektische Verhaltenstherapie (DBT):

DBT wurde ursprünglich zur Behandlung der Borderline-Persönlichkeitsstörung entwickelt und hat sich bei der Behandlung komplexer Traumata und posttraumatischer Belastungsstörungen als vielversprechend erwiesen, insbesondere bei Personen, die Probleme mit der emotionalen Regulierung und zwischenmenschlichen Beziehungen haben.

Wie es funktioniert: DBT kombiniert Elemente der kognitiven Verhaltenstherapie mit Achtsamkeitsübungen und Kompetenztraining. Es konzentriert sich auf vier Schlüsselbereiche: Achtsamkeit, Stresstoleranz, Emotionsregulation und zwischenmenschliche Wirksamkeit. Klienten erlernen konkrete Fähigkeiten, um mit intensiven Emotionen umzugehen, Stress zu ertragen und Beziehungen zu verbessern.

Mögliche Vorteile: DBT kann Trauma-Überlebenden dabei helfen, bessere Fähigkeiten zur emotionalen Regulierung zu entwickeln, ihre Fähigkeit, Stress zu ertragen, zu verbessern und gesündere Beziehungen aufzubauen. Es ist besonders nützlich für diejenigen, die mit Selbstverletzung oder Selbstmordgedanken zu kämpfen haben.

5. Narrative Exposure Therapy (NET):

NET ist eine Kurzzeitbehandlung, die speziell für Überlebende von Traumata entwickelt wurde, insbesondere für solche, die mehrere oder komplexe Traumata erlebt haben.

Wie es funktioniert: Bei NET hilft der Therapeut dem Klienten, eine chronologische Erzählung seines Lebens zu erstellen, wobei er sich sowohl auf traumatische Erfahrungen als auch auf positive Ereignisse konzentriert. Während der Klient seine Erfahrungen erzählt, ermutigt der Therapeut ihn, die damit verbundenen Gedanken, Emotionen und Empfindungen anschaulich zu beschreiben. Dieser Prozess hilft, die traumatischen Erinnerungen innerhalb der umfassenderen Lebensgeschichte zu kontextualisieren.

Mögliche Vorteile: Es hat sich gezeigt, dass NET die Symptome einer posttraumatischen Belastungsstörung wirksam reduziert, insbesondere bei Bevölkerungsgruppen, die mehrere Traumata oder anhaltenden traumatischen Stress erlebt haben.

Den richtigen Therapieansatz finden:

Die Wahl der richtigen Therapie ist eine persönliche Entscheidung, die von verschiedenen Faktoren abhängt, darunter der Art Ihres Traumas, Ihren persönlichen Vorlieben und Ihren individuellen Symptomen. Hier einige Tipps, wie Sie den richtigen Ansatz finden:

1. Konsultieren Sie einen über Traumata informierten Psychologen: Dieser kann Ihre spezifischen Bedürfnisse beurteilen und geeignete Therapien empfehlen.

2. Haben Sie keine Angst, verschiedene Ansätze auszuprobieren: Was für eine Person funktioniert, funktioniert möglicherweise nicht für eine andere Person. Es ist in Ordnung, verschiedene Therapien auszuprobieren, bis Sie eine gefunden haben, die bei Ihnen Anklang findet.

3. Berücksichtigen Sie Ihr Wohlbefinden: Einige Therapien, wie z. B. belastungsbasierte Behandlungen, können zunächst belastend sein. Stellen Sie sicher, dass Sie sich in Ihrem therapeutischen Umfeld sicher und unterstützt fühlen.

4. Suchen Sie nach einem Therapeuten mit einer speziellen Ausbildung in der Traumabehandlung: Nicht alle psychiatrischen Fachkräfte sind gleichermaßen für

den Umgang mit Traumata gerüstet. Suchen Sie nach Mitarbeitern mit spezieller Ausbildung und Erfahrung.

5. Vertrauen Sie Ihren Instinkten: Die therapeutische Beziehung ist entscheidend. Wenn Sie sich mit einem Therapeuten oder einem bestimmten Ansatz nicht wohl fühlen, ist es in Ordnung, nach Alternativen zu suchen.

Achtsamkeit und Meditation haben in den letzten Jahren als wirksame Instrumente für die psychische Gesundheit und das Wohlbefinden große Aufmerksamkeit erlangt. Für Überlebende eines Traumas können diese Praktiken einen Weg zu besserer emotionaler Regulierung, weniger Stress und mehr Selbstbewusstsein bieten.

Achtsamkeit ist im Kern die Praxis, gezielt und ohne Wertung auf den gegenwärtigen Moment zu achten. Dabei geht es darum, unsere Gedanken, Gefühle und Empfindungen so zu beobachten, wie sie entstehen, ohne in ihnen gefangen zu sein oder zu versuchen, sie zu ändern. Meditation hingegen ist ein weiter gefasster Begriff, der verschiedene Praktiken umfasst, die darauf abzielen, Aufmerksamkeit und Bewusstsein zu schulen.

Achtsamkeit und Meditation können besonders hilfreich sein für:

1. *Emotionsregulation:* Achtsamkeitsübungen können Einzelpersonen dabei helfen, ihre emotionalen Reaktionen zu beobachten, ohne sich von ihnen überwältigen zu lassen. Dies kann besonders hilfreich für Trauma-Überlebende sein, die mit intensiven oder unvorhersehbaren Emotionen zu kämpfen haben.

2. Stressreduzierung: Es hat sich gezeigt, dass regelmäßige Meditation den Cortisolspiegel, das Stresshormon, senkt. Dies kann dazu beitragen, dem chronischen Stress entgegenzuwirken, unter dem Trauma-Überlebende häufig leiden.

3. Erhöhtes Selbstbewusstsein: Achtsamkeitsübungen fördern ein vorurteilsfreies Bewusstsein für unsere inneren Erfahrungen. Dies kann Trauma-Überlebenden dabei helfen, sich besser auf ihre Bedürfnisse und Auslöser einzustellen.

4. Verbesserter Fokus: Viele Überlebende eines Traumas haben mit Konzentrations- und Hypervigilanzproblemen zu kämpfen. Meditation kann dabei helfen, den Geist zu trainieren, die Aufmerksamkeit zu fokussieren und umzulenken.

5. Besserer Schlaf: Es hat sich gezeigt, dass Achtsamkeitsübungen die Schlafqualität verbessern, die bei Personen mit PTBS häufig gestört ist.

Hier sind einige Achtsamkeits- und Meditationsübungen, die auf Trauma-Überlebende zugeschnitten sind:

1. Erdungsmeditation:

Setzen Sie sich bequem hin und atmen Sie ein paar Mal tief durch.

Konzentrieren Sie sich auf die Empfindungen Ihres Körpers beim Kontakt mit der Oberfläche, auf der Sie sitzen.

Beachten Sie fünf Dinge, die Sie sehen können, vier Dinge, die Sie berühren können, drei Dinge, die Sie hören können, zwei Dinge, die Sie riechen können, und eine Sache, die Sie schmecken können.

Diese Übung hilft Ihnen, in den gegenwärtigen Moment zurückzukehren, in dem Sie sich überfordert fühlen.

2. Liebevolle Güte-Meditation:

Beginnen Sie damit, sich selbst gegenüber freundlich zu sein: „Möge ich in Sicherheit sein. Möge ich friedlich sein. Möge ich freundlich zu mir selbst sein."

Erweitern Sie diese Wünsche nach und nach auf andere: geliebte Menschen, neutrale Personen und sogar diejenigen, die Ihnen Schwierigkeiten bereiten.

Diese Praxis kann dazu beitragen, Gefühlen der Isolation oder des Misstrauens entgegenzuwirken, die häufig mit Traumata einhergehen.

3. Körperscan:

Legen Sie sich bequem hin und schließen Sie die Augen.

Konzentrieren Sie Ihre Aufmerksamkeit nach und nach auf verschiedene Körperteile, angefangen bei den Zehen bis hin zum Kopf.

Nehmen Sie alle Empfindungen wahr, ohne zu versuchen, sie zu ändern.

Diese Praxis kann Trauma-Überlebenden dabei helfen, sich auf sichere und kontrollierte Weise wieder mit ihrem Körper zu verbinden.

4. Achtsames Atmen:

Konzentrieren Sie Ihre Aufmerksamkeit auf Ihren Atem.

Nehmen Sie das Gefühl wahr, wie der Atem in Ihren Körper eindringt und ihn verlässt.

Wenn Ihre Gedanken abschweifen (was der Fall sein wird), richten Sie Ihre Aufmerksamkeit sanft wieder auf Ihren Atem.

Diese einfache Übung kann ein wirksames Mittel zur Bewältigung von Angstzuständen und Panik sein.

Die Auswirkungen eines Traumas sind nicht auf den Geist beschränkt; es hinterlässt auch Spuren am Körper. Ein Trauma kann sich körperlich als chronischer Schmerz, Anspannung oder Trennung von körperlichen Empfindungen manifestieren. Viele Traumatherapeuten und Forscher haben diesen Geist-Körper-Zusammenhang erkannt und sich körperbasierten Heilansätzen zugewandt.

Somatische Therapien sind eine Gruppe körperzentrierter Ansätze, die die Verbindung von Geist und Körper im Heilungsprozess anerkennen. Diese Therapien basieren auf dem Verständnis, dass Traumata nicht nur in unseren Erinnerungen, sondern auch in unserem physischen Wesen gespeichert sind.

Zwei herausragende somatische Ansätze zur Traumaheilung sind:

1. *Somatisches Erleben:* Dieser von Dr. Peter Levine entwickelte Ansatz konzentriert sich darauf, Einzelpersonen dabei zu helfen, aufgestaute Energie freizusetzen, die mit traumatischen Erfahrungen verbunden ist. Dabei geht es darum, den Klienten sanft anzuleiten, körperliche Empfindungen wahrzunehmen und unterbrochene Stressreaktionen zu vervollständigen.

2. *Der Schiedsrichter:* Diese auf Achtsamkeit basierende somatische Psychotherapie verbindet östliche Philosophie mit westlicher Psychologie. Es betont die körperlichen Erfahrungen des gegenwärtigen Augenblicks und nutzt Achtsamkeit, um im Körper gespeicherte Grundüberzeugungen und Erinnerungen zu erforschen.

Die Geist-Körper-Verbindung bei Traumata ist tiefgreifend. Wenn wir ein traumatisches Ereignis erleben, wird die natürliche Stressreaktion unseres Körpers aktiviert. In manchen Fällen, insbesondere wenn wir nicht kämpfen oder fliehen können, bleibt diese Energie im Körper hängen. Dies kann zu einer Vielzahl körperlicher Symptome führen, darunter:

- Chronischer Schmerz

- Verdauungsprobleme

- Schlafstörungen

- Hypervigilanz und Schreckreaktionen

- Schwierigkeiten, sich zu entspannen oder sich im Körper sicher zu fühlen

Körperbasierte Heilansätze zielen darauf ab, diese eingeschlossene Energie freizusetzen und Menschen dabei zu helfen, sich auf sichere und kontrollierte Weise wieder mit ihrem Körper zu verbinden. Dies kann verschiedene Praktiken umfassen:

1. Bewegungstherapien: Dazu können Tanztherapie, authentische Bewegung oder andere Formen ausdrucksstarker Bewegung gehören. Diese Praktiken ermöglichen es Einzelpersonen, Emotionen und Erfahrungen durch Bewegung auszudrücken und dabei oft auf Gefühle zuzugreifen, die schwer in Worte zu fassen sind.

2. Yoga: Traumasensibles Yoga hat sich als wirksames Heilmittel etabliert. Es kombiniert sanfte Körperhaltungen mit Achtsamkeit und Atemtechniken. Im Gegensatz zu traditionellen Yoga-Kursen stehen beim traumasensiblen Yoga die Wahl, die Stärkung und das Bewusstsein für den gegenwärtigen Moment im Vordergrund.

3. Qigong: Diese alte chinesische Praxis kombiniert sanfte Bewegung, Atemtechniken und Meditation. Es kann helfen, das Nervensystem zu regulieren und ein Gefühl der Erdung und Ruhe zu fördern.

4. Übungen zum Lösen von Spannungen und Traumata (TRE): TRE wurde von Dr. David Berceli entwickelt und umfasst eine Reihe von Übungen, die eine natürliche Zitterreaktion im Körper hervorrufen. Es wird angenommen, dass dieses Zittern dazu beiträgt, tiefe Muskelmuster von Stress und Anspannung zu lösen.

Die Vorteile dieser körperbasierten Praktiken sind zahlreich:

1. Erhöhtes Körperbewusstsein: Viele Überlebende eines Traumas fühlen sich von ihrem Körper getrennt. Diese Praktiken können Einzelpersonen dabei helfen, sich auf sichere und kontrollierte Weise wieder mit körperlichen Empfindungen zu verbinden.

2. Emotionsregulation: Körperbasierte Praktiken können Einzelpersonen dabei helfen, emotionale Zustände durch körperliches Bewusstsein zu erkennen und zu bewältigen.

3. Stressreduzierung: Bewegung und Atemarbeit können das parasympathische Nervensystem aktivieren, was die Entspannung fördert und Stress reduziert.

4. Ermächtigung: Bei diesen Praktiken liegt der Schwerpunkt häufig auf Wahlmöglichkeiten und

Entscheidungsfreiheit und hilft den Überlebenden, das Gefühl der Kontrolle über ihren Körper zurückzugewinnen.

5. Freisetzung eingeschlossener Energie: Körperliche Bewegung und Praktiken wie TRE können dabei helfen, aufgestaute Energie freizusetzen, die mit der Trauma-Reaktion verbunden ist.

6. Verbesserter Schlaf: Regelmäßige körperliche Betätigung kann dabei helfen, den Schlafrhythmus zu regulieren, der bei Überlebenden eines Traumas häufig gestört ist.

7. Soziale Verbindung: Gruppenunterricht kann ein Gemeinschaftsgefühl und gemeinsame Erfahrungen vermitteln und der Isolation entgegenwirken, die Trauma-Überlebende oft verspüren.

Die hier besprochenen Ansätze – evidenzbasierte Therapien, Achtsamkeit und Meditation sowie körperbasierte Heilung – bieten eine Reihe von Werkzeugen für diesen Weg. Sie können einzeln oder in Kombination verwendet werden, immer unter Anleitung geschulter Fachkräfte und entsprechend Ihren eigenen Bedürfnissen und Komfortniveaus.

Denken Sie daran, Heilung ist möglich. Mit Geduld, Selbstmitgefühl und der richtigen Unterstützung können Sie Ihre vergangenen Wunden überwinden und einer Zukunft mit mehr Frieden, Widerstandsfähigkeit und Ganzheitlichkeit entgegengehen. Ihre Heilungsreise ist ein Akt des Mutes, ein Beweis Ihrer Stärke und eine kraftvolle Rückeroberung Ihres Lebens.

Als ich vor Jahren begann, mich von Kindheitstraumata zu erholen, wurde Selbsterkenntnis zu meiner ersten entscheidenden Fähigkeit. Dieses neu gewonnene Bewusstsein brachte harte Wahrheiten über mich selbst, meine Handlungen und den Einfluss meiner Vergangenheit auf mein Verhalten ans Licht.

Trotz der Auseinandersetzung mit schmerzhaften Erinnerungen war es schwierig, Vergebung und Selbstakzeptanz zu finden. Das Erkennen der Auswirkungen vergangener Traumata führte zu Selbstvorwürfen. Es fiel mir schwer zuzugeben, dass ich Bestätigung suchte, indem ich anderen gefallen wollte, und aus Gefühlen der Wertlosigkeit in ungesunden Beziehungen blieb. Urteil, Schuld und Scham wurden zu vertrauten Gefühlen.

Obwohl Selbsterkenntnis der erste Schritt zur Veränderung ist, greifen viele auf Urteile zurück, wenn sie mit unbequemen Wahrheiten konfrontiert werden. Ironischerweise behindert dieser Mangel an Selbstakzeptanz die Heilung.

Behindern wir unsere Heilung durch übermäßige Selbstkritik?

Denken Sie an Opfer sexueller Übergriffe, die oft in Scham gefangen sind. Die Angst, sich zu äußern, führt zu Schweigen und unangebrachten Selbstvorwürfen.

Wenn Schuld und Scham vorherrschen, wie kommen wir dann auf dem Weg zur Genesung voran und wie können wir unser verletztes inneres Kind annehmen?

Wir tun dies, indem wir unser Urteil fällen, uns weigern, die Verantwortung für den Schaden zu übernehmen, den wir erlitten haben, und stattdessen die Verantwortung für unsere Genesung übernehmen.

Ich erinnere mich an einen Vorfall in meiner Kindheit, bei dem der Zorn meines Vaters unsere Schlafzimmertür zerschmetterte. Als er mit rotem Gesicht und wütend auf mich zukam, machte ich mich nass.

Rückblickend überwältigte mich die Scham und ich schwor mir, nie wieder schwach oder ängstlich zu sein.

Als ich älter wurde, nahm ich eine strenge Fassade an, hinter der ich innere Zerbrechlichkeit, Angst und Sensibilität verbarg. Aber die Konfrontation mit meinen Schwächen blieb unerträglich.

Immer wenn Traurigkeit, Verletzlichkeit oder Emotionen zum Vorschein kamen, folgte eine harte Selbstverurteilung. Ich wurde mein eigener Täter.

Nach der Scheidung verfolgte mich die Selbstverurteilung. Ich fühlte mich wertlos für das, was ich während meiner Ehe zugelassen hatte: Respektlosigkeit, Schmerz, Vernachlässigung und Lügen. Konnte ein würdiger Mensch solche Dinge ertragen? Selbstverurteilung verzehrte mich.

Schließlich begann ich, Schuldgefühle durch Schreiben und tägliche Vergebungsmeditationen anzugehen. Obwohl ich die Bedeutung von Akzeptanz und Vergebung erkannte, hatte ich kaum an der Oberfläche gekratzt.

Die eigentliche Herausforderung entstand, als ich mich mit dem auseinandersetzte, zu dem ich aufgrund meiner Erfahrungen geworden war. Mein Fokus verlagerte sich von der Schuld auf die Selbstverantwortung – ein gesunder, aber entmutigender Schritt. Inmitten der Opfermentalität, der Scham und des Urteilsvermögens schien Selbstakzeptanz ein unmöglicher Traum zu sein.

Es war schwierig zuzugeben, in einer toxischen Beziehung zu bleiben, mit Tränen zu manipulieren und Chaos für Aufmerksamkeit und Liebe zu schaffen. Dennoch signalisierte dieses Unbehagen einen Fortschritt. Indem ich mein Ego unter Kontrolle hielt, konnte ich vorankommen.

So überwand ich meine Selbstverurteilung und begann mit der Heilung:

1. Ich habe mich geöffnet und meine Wahrheit gesagt.

Anfangs musste ich mich meinem Selbstekel stellen. Indem ich meine Geschichte an einem sicheren Ort mit meinem Therapeuten, Coach und engen Freunden teilte, schwand das Urteilsvermögen und wurde durch Akzeptanz ersetzt.

Teilen Sie Ihre Geschichte mit denen, die es verdienen, sie zu hören. Ganz gleich, ob es sich um einen Therapeuten, Coach, eine Selbsthilfegruppe oder einen engen Freund/ein Familienmitglied handelt, stellen Sie sicher, dass er/sie sich das Recht verdient hat, Ihre verletzlichsten Gefühle und Erinnerungen zu hören.

Unsere Wahrheit in einem akzeptierenden Raum auszusprechen, ist ein wirksames Heilmittel. Sichere

Räume und tiefe Verbindungen sind entscheidend, insbesondere bei der Heilung von Beziehungswunden.

2. Ich habe anerkannt, was mir passiert ist.

Der Durchbruch kam nach der Lektüre von „What Happened to You?" von Oprah Winfrey und Dr. Bruce Perry. Plötzlich ergab mein Verhalten einen Sinn.

Ich war nicht das Monster, für das ich mich hielt. Ich war ein verwundeter Erwachsener, der aufgrund eines unbehandelten Kindheitstraumas aus einem Ort des Überlebens und der Angst heraus reagierte.

Wenn wir die Ursachen für unser oft unbewusstes und selbstsabotierendes Verhalten aufdecken, verstehen wir uns selbst besser und entfernen uns von Urteilen. Es liegt eine Macht in der Frage: „Was ist mit mir passiert?" statt „Was ist los mit mir?"

Wenn Sie sich selbst mit Mitgefühl verstehen, können Sie Ihrem inneren Kind die Liebe und Akzeptanz entgegenbringen, die es braucht. Wir sind nicht kaputt oder müssen repariert werden. Wir sind ganze Seelen auf einer Reise zurück zu uns selbst.

3. Ich habe gelernt, meinen inneren Kritiker zum Schweigen zu bringen.

Die gemeine innere Stimme zu erkennen war schwierig. Meine verurteilenden Gedanken waren subtil und oft unbemerkt.

Meditation wurde zum einfachsten Zeitpunkt, sie zu erkennen. Selbst dann schlich sich Selbstverurteilung ein: „Setzen Sie sich auf, konzentrieren Sie sich auf Ihren Atem. Komm schon, machen Sie es besser. Darin sind Sie nicht gut. Ihre Gedanken wandern wieder ab!"

Bei 60.000 Gedanken pro Tag konzentrierte ich mich stattdessen auf meine Gefühle. Durch die Beobachtung meines emotionalen Zustands konnte ich meine Gedanken identifizieren und ändern.

Eines Nachts fühlte ich mich deprimiert und hoffnungslos und fragte mich: „Was denke ich, dass ich mich so fühle?" Die Antwort: „Niemand wird dich jemals wirklich lieben." Zum ersten Mal entschied ich mich, es nicht zu glauben. Ich listete Menschen auf, die mir Liebe, Fürsorge und Mitgefühl entgegengebracht hatten.

Wenn es häufig zu Selbstverurteilungen kommt, sind Übung und Geduld der Schlüssel. Im Prozess der Heilung sagen Sie Ihrem inneren Kind jedoch, wenn Sie sich selbst verstehen und akzeptieren: „Ich liebe dich, ich bin für dich da und mit dir ist nichts falsch."

Als ich die positiven Auswirkungen der Selbstakzeptanz auf meine Genesung sah, wurde mir klar, dass es bei meiner harten Selbstbeurteilung nicht um Heilung ging, sondern um eine Manifestation meines Traumas.

Heute verstehe ich, dass die kritische innere Stimme, die mich drängt, festzuhalten, der Schrei meines inneren Kindes nach Liebe ist. Und ich bin bereit, ihm diese Liebe zu schenken.

Bist du auch bereit?

KAPITEL 4

PTBS UND ANGST ÜBERWINDEN

„Die Wunde ist der Ort, an dem das Licht in dich eindringt."

Rumi

Laut Definition der American Psychological Association beinhaltet Angst Gefühle von Anspannung, besorgten Gedanken und körperlichen Veränderungen. Es ist eine tief verwurzelte menschliche Erfahrung, die seit Jahrhunderten Teil unseres Lebens ist. Auch wenn das moderne Leben stressig sein kann, ist Angst kein neues Phänomen. Der Psychologe Rollo May betrachtete Angst, aufbauend auf den Ideen humanistischer Philosophen, als einen wesentlichen Teil der Existenz und nicht als etwas, das beseitigt werden müsse. Er glaubte, dass nicht nur unsere Vernunft, sondern unsere einzigartige Individualität unserem Leben einen Sinn gibt. Angst kann entstehen, wenn wir das Gefühl haben, dass unsere Individualität von der Gesellschaft bedroht oder unterdrückt wird.

Historisch gesehen wurde das Verständnis von Angst hauptsächlich durch die Perspektiven privilegierter europäischer und europäisch-amerikanischer Männer geprägt. In den 1970er Jahren bot jedoch die Relationale

Kulturtheorie (RCT) einen neuen Standpunkt. RCT betonte die Bedeutung gesunder Beziehungen und erkannte an, wie sich systemische Unterdrückung auf die psychische Gesundheit auswirkt. Laut RCT sind Menschen von Natur aus soziale Wesen, die in gesunden Beziehungen gedeihen, und gesellschaftliche Probleme wie Diskriminierung und mangelnde Privilegien können sich stark auf das psychische Wohlbefinden auswirken.

Diese Verschiebung unterstreicht die Bedeutung von Emotionen, Beziehungen und Privilegien für das Verständnis von Angst. Die gesellschaftlichen Veränderungen seit dem Industriezeitalter haben es schwieriger gemacht, mit Unsicherheit und Veränderungen umzugehen, insbesondere wenn unser wahres Selbst nicht akzeptiert oder bestätigt wird. Dies kann zu Erschöpfungsgefühlen, Überforderung und einem Gefühl der Nichtzugehörigkeit führen. Angst kann sich als Unbehagen, Kummer oder sogar Panik äußern und ist eine Ganzkörpererfahrung, die sofortige Aufmerksamkeit erfordert. Unser Körper erzeugt dieses Ungleichgewicht, um uns zu zwingen, dagegen vorzugehen. Angst ist ein Zustand des Ungleichgewichts im gesamten Körper, der von uns Aufmerksamkeit und Handeln erfordert. Sie kann durch reale oder vermeintliche Bedrohungen ausgelöst werden, seien sie gegenwärtig oder erwartet, und erfordert unsere volle Aufmerksamkeit. Wenn Sie aus früheren Erfahrungen gelernt haben, immer auf der Hut zu sein, kann Angst leicht zu Ihrem Standardzustand werden.

Was ist PTSD?

PTSD oder Posttraumatische Belastungsstörung ist eine psychische Erkrankung, die durch das Erleben oder Miterleben eines traumatischen Ereignisses ausgelöst wird. Es ist mehr als nur eine Reaktion auf Stress; Es ist eine nachhaltige Wirkung, die das tägliche Leben eines Menschen tiefgreifend beeinflusst. Die American Psychological Association beschreibt PTSD als eine PTSD, die mit aufdringlichen Erinnerungen, Vermeidungsverhalten, negativen Veränderungen im Denken und der Stimmung sowie Veränderungen der körperlichen und emotionalen Reaktionen einhergeht.

Im Gegensatz zu gewöhnlicher Angst ist eine PTBS auf ein bestimmtes traumatisches Ereignis oder eine Reihe von Ereignissen zurückzuführen. Diese können von Naturkatastrophen und schweren Unfällen bis hin zu Kampferfahrungen und persönlichen Übergriffen reichen. Das Trauma stört die normale Verarbeitung von

Erinnerungen und Emotionen im Gehirn und führt zu anhaltenden und belastenden Symptomen.

Im Zentrum der PTSD steht die Art und Weise, wie Gehirn und Körper auf Traumata reagieren. Wenn eine Person ein traumatisches Ereignis erlebt, wird die natürliche „Kampf-oder-Flucht"-Reaktion ihres Körpers aktiviert. Bei Menschen mit PTSD wird diese Reaktion überaktiv und normalisiert sich nicht wieder, was dazu führt, dass sie sich ständig nervös fühlen. Sie erleben das traumatische Ereignis möglicherweise durch Rückblenden oder Albträume noch einmal und unternehmen oft große Anstrengungen, um Erinnerungen an das Trauma zu vermeiden, was zu Isolation und Rückzug führen kann.

Historisch gesehen hat sich unser Verständnis von PTSD weiterentwickelt, oft beeinflusst durch die Erfahrungen von Soldaten, die aus dem Krieg zurückkehrten. Ursprünglich als „Granatschock" oder „Kampfmüdigkeit" bekannt, wurde PTSD 1980 als offizielle Diagnose anerkannt. Diese Anerkennung verdeutlichte, dass PTSD nicht nur eine Folge von Kämpfen ist, sondern bei jedem auftreten kann, der einem schweren Trauma ausgesetzt ist.

Die relationale Kulturtheorie (RCT) beleuchtet auch PTSD. RCT betont die Bedeutung gesunder Beziehungen und erkennt, wie Trauma unsere Verbindungen zu anderen zerstören kann. Ein Trauma kann dazu führen, dass sich Menschen isoliert und missverstanden fühlen, was ihre Not noch verschlimmert. Für Menschen mit PTBS ist es von entscheidender Bedeutung, die Rolle von Beziehungen bei der Heilung anzuerkennen, da unterstützende Verbindungen ein wesentlicher Bestandteil der Genesung sein können.

Der Umgang mit einer posttraumatischen Belastungsstörung erfordert ein Verständnis ihrer tiefgreifenden Auswirkungen auf Geist und Körper. Es handelt sich um eine Erkrankung, die sich darauf auswirkt, wie Menschen die Welt um sich herum wahrnehmen und mit ihr interagieren. Die Symptome können überwältigend sein und es schwierig machen, normal zu funktionieren. Mit der richtigen Behandlung und Unterstützung ist es jedoch möglich, diese Symptome in den Griff zu bekommen und zu lindern. Therapie, insbesondere traumafokussierte Therapie, kann Einzelpersonen dabei helfen, ihre Erfahrungen zu verarbeiten und Bewältigungsstrategien zu entwickeln. Medikamente können auch zur Behandlung spezifischer

Symptome wie Angstzustände oder Depressionen eingesetzt werden.

Die Wissenschaft hinter der Angst zeigt, dass sie über die gleichen Nervenbahnen verfügt wie Angst. Angst ist eine Reaktion auf eine spezifische Bedrohung, während Angst von einer unspezifischen Bedrohung ausgeht. Beide Emotionen betreffen verschiedene Gehirnregionen und stellen sicher, dass wir effektiv auf bekannte und neue Gefahren reagieren. Angst ist ein entscheidender Überlebensmechanismus. Interessanterweise überschneiden sich die Stressreaktion und die Angst-/Angstreaktion stark, was auf einen starken Zusammenhang zwischen chronischem Stress und erhöhter Angstempfindlichkeit schließen lässt. Dies bedeutet, dass die durch Stress verursachte Erschöpfung und Belastung die Angst verstärken und möglicherweise zu einer Angststörung führen kann.

Zu den Risikofaktoren für die Entwicklung einer PTBS gehören:

1. Art und Schwere des traumatischen Ereignisses

2. Frühere Trauma-Exposition

3. Familiengeschichte von psychischen Problemen

4. Mangel an sozialer Unterstützung

5. Anhaltender Stress oder zusätzliche Herausforderungen im Leben

Das Verständnis dieser Beziehung ist der Schlüssel zur Bewältigung von Stress und Ängsten.

Darüber hinaus zeigen Untersuchungen, dass die Behandlung unserer Beziehung zu Stress und Angstempfindlichkeit durch metakognitive Therapie und Gedankenentmischungstechniken wirksamer ist als die alleinige traditionelle kognitive Verhaltenstherapie. Lassen Sie uns zunächst die vielfältigen Angstsymptome untersuchen, von denen einige überraschend sein können. Diese können von übermäßiger Sorge und Reizbarkeit bis hin zu körperlichen Symptomen wie Muskelverspannungen und Verdauungsstörungen reichen. Auch weniger bekannte Symptome wie Perfektionismus und Gehirnnebel können mit Angstzuständen in Verbindung gebracht werden.

Während eine klinische Diagnose das Erkennen der Auswirkungen von Angstzuständen auf das eigene Leben beinhaltet, können Selbstbewertungstools wie das OASIS hilfreich sein. Es bewertet den Schweregrad und die Beeinträchtigung der Angst in der letzten

Woche anhand einer Skala von 0 bis 4. Es ist jedoch wichtig, sich daran zu erinnern, dass es keinen magischen Grenzwert gibt und dass man ihn am besten als Gesprächseinstieg mit einem Gesundheitsdienstleister oder zur persönlichen Reflexion verwendet.

Angst bereitet uns auf besondere Weise auf die Herausforderungen des Lebens vor und überwältigt uns gleichzeitig mit einer Flut von Worst-Case-Szenarien. Es ist, als würde man versuchen, eine ruhige Fahrt zu genießen, nur um dann ständig auf einen unerwarteten Unfall vorbereitet zu sein. Doch trotz des Chaos ist es möglich, mit der Angst umzugehen, und die Mühe lohnt sich.

Hier sind einige Schritte, um die Kontrolle zu übernehmen:

1) Priorisieren Sie die Selbstfürsorge. Selbstfürsorge ist keine einmalige Lösung; Es ist eine lebenslange Verpflichtung. Es umfasst alles vom Genuss einer wohltuenden Tasse Tee bis hin zur Erledigung wichtiger Aufgaben wie dem Besuch beim Zahnarzt oder der

Organisation Ihrer Finanzen. Es macht nicht immer Spaß, aber die Beibehaltung dieser Gewohnheiten ist entscheidend für Ihr Wohlbefinden. Denken Sie daran, dass die Maßnahmen, die Ihnen helfen, sich zu verbessern, auch weiterhin durchgeführt werden sollten, um Ihren Fortschritt aufrechtzuerhalten.

2) Kommunizieren Sie offen. Das Teilen Ihrer Erfahrungen mit Angstzuständen kann unglaublich hilfreich sein. Anstatt alles unter Verschluss zu halten, erklären Sie Ihre Reaktionen so, dass andere sie verstehen können. Wenn Sie zum Beispiel sagen: „Ich habe gerade einen Moment der Angst und brauche eine Pause", kann dies dazu beitragen, dass andere Sie besser unterstützen. Wenn jemand negativ oder abweisend reagiert, beschäftigt er sich möglicherweise mit seinen eigenen Problemen oder ist in diesem Moment einfach nicht der richtige Ansprechpartner.

3) Suchen Sie Hilfe. Um Hilfe zu bitten ist ein Zeichen von Stärke, nicht von Schwäche. Egal, ob Sie einen Freund bitten, Sie zu einem beängstigenden Termin zu begleiten, oder ob Sie bei einem Kaffee über ein herausforderndes Erlebnis sprechen möchten – zögern Sie nicht, uns zu kontaktieren. Wenn jemand nicht helfen kann, spiegelt das nicht Ihren Wert wider. Suchen Sie weiterhin Unterstützung, bis Sie jemanden gefunden haben, der für Sie da sein kann.

4) Nehmen Sie an kreativen Aktivitäten teil. Kreativität kann ein wirksames Mittel gegen Angst sein. Sich durch Schreiben, Kunst oder andere kreative Möglichkeiten auszudrücken, kann Ihnen helfen, Ihre Gefühle zu verarbeiten und Ängste besser beherrschbar zu machen. Es ermöglicht Ihnen, Ihre Emotionen in etwas Greifbares zu kanalisieren und vermittelt oft ein Erfolgserlebnis und eine Erleichterung.

5) Kennen Sie Ihre Rechte. Wenn Angst Ihr tägliches Leben, insbesondere am Arbeitsplatz oder in der Schule, erheblich beeinträchtigt, haben Sie möglicherweise Anspruch auf Erleichterungen nach Bundesgesetz. Dazu können Anpassungen wie ein ruhigerer Arbeitsplatz oder flexible Fristen gehören. Machen Sie sich mit Ihren Rechten vertraut und zögern Sie nicht, sich für die Unterstützung einzusetzen, die Sie benötigen.

IDENTIFIZIEREN SIE IHRE AUSLÖSER

Einige Auslöser liegen auf der Hand, etwa öffentliche Reden oder wichtige Meetings, andere können jedoch schwerer zu fassen sein. Unabhängig davon, ob die Angst genetisch bedingt ist, auf Erfahrungen aus der Vergangenheit oder auf aktuelle Umstände zurückzuführen ist, kann es schwierig sein, bestimmte Auslöser zu identifizieren.

Ein Stimmungstagebuch kann ein unschätzbares Hilfsmittel bei der Identifizierung dieser Auslöser sein. Notieren Sie Ihre Stimmung, die Situation, die Intensität Ihrer Angst und etwaige körperliche Symptome. Mit der Zeit werden sich Muster herausbilden, die Ihnen helfen, Ängste vorherzusehen und effektiver zu bewältigen.

Zusätzlich zum Tracking gibt es mehrere Soforttechniken, um die Angst zu unterbrechen:

1) Üben Sie tiefes Atmen und progressive Entspannung. Diese Techniken wirken den körperlichen Symptomen von Angstzuständen wie schnellem Atmen und Herzrasen entgegen. Indem Sie Ihren Atem bewusst verlangsamen und Ihre Muskeln entspannen, können Sie Ihrem Körper helfen, wieder zur Ruhe zu kommen.

2) Personifizieren Sie Ihre Angst. Wenn Sie Ihrer Angst einen Namen oder eine Person geben, kann sie sich greifbarer und beherrschbarer anfühlen. Stellen Sie es sich als einen Charakter vor, mit dem Sie interagieren,

verhandeln oder den Sie sogar verspotten können. Dieser Ansatz kann Ihnen helfen, sich von der Angst zu distanzieren und die Kontrolle zurückzugewinnen.

3) Erstellen Sie Bewältigungskarten. Stellen Sie einen Satz Karten mit tröstenden Aussagen, Erinnerungen und Mantras zusammen, die Ihnen helfen, mit Ängsten umzugehen. Halten Sie diese Karten griffbereit, damit Sie bei Bedarf darauf zurückgreifen können. Sie dienen als schnelle und einfache Möglichkeit, sich in ängstlichen Momenten zu erden.

4) Erlaube dir zu fühlen. Das Vermeiden von Ängsten kann die Situation verschlimmern. Nehmen Sie sich stattdessen ein paar Minuten Zeit, um mit Ihren Gefühlen zu sitzen. Erkennen Sie die Angst ohne Urteil an. Oft lässt die Intensität nach, wenn man sich dem Problem direkt stellt.

5) Verwenden Sie Eis, um abzulenken. Das Halten eines Eiswürfels kann eine körperliche Ablenkung von ängstlichen Gedanken sein. Das Gefühl unterbricht den Angstzyklus und lenkt Ihren Fokus auf den gegenwärtigen Moment. Diese einfache Technik kann besonders in Momenten hoher Belastung hilfreich sein.

Das Leben mit einer posttraumatischen Belastungsstörung kann sich anfühlen, als wäre man in einem ständigen Kampf-oder-Flucht-Zustand gefangen. Es gibt jedoch zahlreiche Strategien, die dabei helfen können, die Symptome zu lindern und das Gefühl der Kontrolle wiederherzustellen.

Umgang mit Flashbacks und Albträumen:

Flashbacks und Albträume können zu den belastendsten Symptomen einer posttraumatischen Belastungsstörung gehören. Sie stürzen Sie zurück in das traumatische Ereignis und geben Ihnen das Gefühl, als würde alles noch einmal passieren. Um mit diesen aufdringlichen Erlebnissen umzugehen:

1. Erdungstechniken: Wenn ein Flashback auftritt, aktivieren Sie Ihre Sinne. Konzentrieren Sie sich auf fünf Dinge, die Sie sehen können, vier Dinge, die Sie berühren können, drei Dinge, die Sie hören können, zwei Dinge, die Sie riechen können, und eine Sache, die Sie schmecken können. Dies hilft Ihnen, sich im gegenwärtigen Moment zu verankern.

2. Schaffen Sie einen sicheren Raum: Legen Sie einen physischen Raum in Ihrem Zuhause fest, in dem Sie sich sicher fühlen. Füllen Sie es mit beruhigenden Gegenständen, beruhigenden Düften und beruhigenden Farben. Ziehen Sie sich in diesen Raum zurück, wenn Sie sich überfordert fühlen.

3. Neufassung des Albtraums: Wenn Sie von immer wiederkehrenden Albträumen geplagt werden, versuchen Sie, das Ende im Wachzustand noch einmal zu schreiben. Stellen Sie sich ein anderes, positiveres Ergebnis vor. Üben Sie dieses neue Szenario regelmäßig, um möglicherweise Ihre Träume zu beeinflussen.

4. Achtsamkeitsmeditation: Regelmäßige Achtsamkeitsübungen können Ihnen helfen, Ihre Gedanken und Gefühle zu beobachten, ohne sich in ihnen zu verlieren, und so die Kraft von Flashbacks verringern.

Auslöser verwalten:

Auslöser sind Erinnerungen an das traumatische Ereignis, die intensive emotionale oder körperliche Reaktionen auslösen können. Obwohl es unmöglich ist, alle Auslöser zu vermeiden, können Sie Strategien entwickeln, um mit ihnen umzugehen:

1. Identifizieren Sie Ihre Auslöser: Führen Sie ein Tagebuch, um zu verfolgen, welche Situationen, Geräusche, Gerüche oder andere Reize Ihre Symptome auslösen.

2. Entwickeln Sie einen Trigger-Aktionsplan: Sobald Sie Ihre Auslöser identifiziert haben, erstellen Sie einen Schritt-für-Schritt-Plan, was zu tun ist, wenn Sie auf sie stoßen. Dazu können Atemübungen, das Anrufen eines unterstützenden Freundes oder positive Selbstgespräche gehören.

3. Allmähliche Belichtung: Unter der Anleitung eines Therapeuten kann es für Sie von Vorteil sein, sich nach und nach in einer kontrollierten, sicheren Umgebung den Auslösern auszusetzen. Dies kann dazu beitragen, Sie mit der Zeit zu desensibilisieren.

Entspannungstechniken zur Reduzierung von Hyperarousal:

Der mit einer PTBS verbundene Zustand ständiger Wachsamkeit kann anstrengend sein. Diese Entspannungstechniken können helfen, Ihr Nervensystem zu beruhigen:

1. Progressive Muskelentspannung: Spannen Sie systematisch verschiedene Muskelgruppen Ihres

Körpers an und entspannen Sie sie dann. Dies hilft, körperliche Spannungen zu lösen und fördert die allgemeine Entspannung.

2. *Geführte Bilder:* Nutzen Sie Ihre Fantasie, um einen friedlichen, sicheren mentalen Raum zu schaffen. Stellen Sie sich diesen Ort im Detail vor und sprechen Sie dabei alle Sinne an.

3. *Yoga:* Die Kombination aus Körperhaltung, Atemübungen und Meditation im Yoga kann besonders für Menschen mit PTSD von Vorteil sein.

4. *Biofeedback:* Bei dieser Technik werden mithilfe von Sensoren die physiologischen Reaktionen Ihres Körpers (Herzfrequenz, Muskelspannung usw.) überwacht und Sie lernen, diese Reaktionen bewusst zu steuern.

Verbesserung des Schlafes:

Schlafstörungen kommen bei PTBS häufig vor und können andere Symptome verschlimmern. Um die Schlafqualität zu verbessern:

1. Legen Sie einen einheitlichen Schlafplan fest: Gehen Sie jeden Tag zur gleichen Zeit ins Bett und stehen Sie auf, auch am Wochenende.

2. Erstellen Sie eine entspannende Schlafenszeitroutine: Nehmen Sie vor dem Schlafengehen beruhigende

Aktivitäten auf, wie z. B. Lesen, leise Musik hören oder ein warmes Bad nehmen.

3. Machen Sie Ihr Schlafzimmer zu einem Zufluchtsort für den Schlaf: Halten Sie Ihre Schlafumgebung kühl, dunkel und ruhig. Entfernen Sie elektronische Geräte und verwenden Sie bequeme Bettwäsche.

4. Vermeiden Sie Stimulanzien: Begrenzen Sie Koffein, Alkohol und Nikotin, insbesondere in den Stunden vor dem Schlafengehen.

5. Behandeln Sie Albträume: Wenn Albträume ein erhebliches Problem darstellen, besprechen Sie die Medikamentenoptionen mit Ihrem Arzt. Einige Medikamente können dazu beitragen, die Häufigkeit und Intensität von PTBS-bedingten Albträumen zu reduzieren.

Umgang mit emotionalem Stress:

Der emotionale Tribut einer PTBS kann überwältigend sein. Hier sind einige Strategien, die Ihnen helfen, mit intensiven Emotionen umzugehen:

1. Techniken zur Emotionsregulation: Lernen Sie, Ihre Emotionen zu identifizieren und zu kennzeichnen. Üben

Sie, sie ohne Urteil zu akzeptieren und gesunde Wege zu finden, sie auszudrücken.

2. Tagebuch führen: Das Schreiben über Ihre Erfahrungen und Gefühle kann dabei helfen, Emotionen zu verarbeiten und eine Perspektive zu gewinnen.

3. Kunsttherapie: Sich durch Kunst auszudrücken, kann eine wirkungsvolle Möglichkeit sein, Gefühle zu kommunizieren, die schwer in Worte zu fassen sind.

4. Selbsthilfegruppen: Der Kontakt zu anderen, die ähnliche Erfahrungen gemacht haben, kann Bestätigung, Verständnis und praktische Bewältigungsstrategien liefern.

KAPITEL 5

EMOTIONALE FREIHEIT
ZURÜCKGEWINNEN

„Die mächtigste Waffe der Welt ist die brennende menschliche Seele."

Ferdinand Foch

Einer der Hauptgründe dafür, dass Emotionen einen so tiefgreifenden Einfluss auf unser Leben haben, ist ihre Schwierigkeit, sie zu kontrollieren. Menschen reagieren auf Situationen aufgrund ihrer emotionalen Reaktionen, die manchmal sehr extrem oder intensiv sein können.

Manchmal ist diese Reaktion gerechtfertigt – wenn ein geliebter Mensch stirbt, kommt es zu einer intensiven emotionalen Reaktion, die völlig gerechtfertigt ist. Dies bringt uns zurück zu dem Grund, warum Emotionen überhaupt existieren. Sie sind ein evolutionärer Mechanismus, der uns dabei helfen soll, durchs Leben zu gehen und erfolgreich zu sein.

Wenn man mit einer gefährlichen Situation konfrontiert wird, ist Angst eine natürliche Reaktion. In solchen Fällen kann Angst genau das sein, was einen am Leben hält. In der Antike hätte es unsere Vorfahren gewarnt, gefährliche Klippen oder bedrohliche Tiere zu meiden. Es verhinderte, dass Menschen in gefährliche

Situationen gerieten, und verbesserte dadurch ihre Überlebenschancen und die Möglichkeit, Kinder zu bekommen, um ihre Abstammungslinie fortzuführen.

Die Menschheit geht auf eine überraschend kleine Anzahl gemeinsamer Vorfahren zurück. Es ist dokumentiert, dass die gesamte Menschheit auf nur sieben verschiedene Mütter zurückgeführt werden kann, wobei eine dieser Frauen eine gemeinsame Vorfahrin von etwa 40 % der menschlichen Spezies ist. Bedenken Sie das für einen Moment, wenn man bedenkt, dass unsere Welt mit Milliarden von Menschen vieler verschiedener Rassen und Religionen gefüllt ist. Fast die Hälfte von uns stammt vor langer Zeit von einer Frau ab. Warum ist das?

Die einfache Antwort ist, dass Menschen äußerst geschickt darin sind, zu sterben und sich gegenseitig auszulöschen. In der Geschichte gab es viele Herrscher und Eroberer, die ganze Bevölkerungen dezimierten. Darüber hinaus hat unsere Spezies auch mehrere ähnliche humanoide Linien ausgelöscht, die einst auf der Erde existierten.

Wissenschaftliche Erkenntnisse haben bisher mehrere andere humanoide Spezies entdeckt, die einst mit uns koexistierten. Dazu gehören Neandertaler und Denisovaner. Möglicherweise gab es noch mehr, und einige davon könnten in Zukunft entdeckt werden.

Von diesen Linien hat jedoch nur der Homo sapiens überlebt – nur der moderne Mensch. Dies allein zeigt, wie schwierig es für eine Spezies ist, langfristig auf diesem Planeten zu überleben und zu gedeihen, insbesondere wenn man die Intelligenz und Anpassungsfähigkeit berücksichtigt, für die wir Menschen bekannt sind.

Wir haben es geschafft, alle Formen der Natur zu erobern, von der Herrschaft über Land und Meere bis hin zur Nutzung der Kräfte der Sonne, der Ozeane und des Windes. Wir haben das Unmögliche erreicht und uns zu den klügsten und gefährlichsten Kreaturen entwickelt, die jemals auf dieser Erde gelebt haben, und das durch eine kontinuierliche Weiterentwicklung unseres Wissens von der Antike bis heute. Tatsächlich kommen wir einer Superspezies am nächsten, die die Welt je gesehen hat, einer Superart, die allen anderen existierenden Spezies meilenweit überlegen ist.

Trotzdem konnten sich ähnliche Arten wie der Neandertaler nicht durchsetzen und wurden schließlich ausgerottet. Selbst zwischen Menschen gibt es kaum genetische Unterschiede, was darauf hindeutet, dass sich viele Menschen auf lange Sicht nicht erfolgreich fortpflanzen.

Eine der wichtigsten Triebkräfte dafür, dass wir im Laufe der Zeit am Leben und in der Existenz bleiben, sind Emotionen. Für den Menschen ist die Sicherstellung des Überlebens unseres genetischen Materials so nah wie möglich an Unsterblichkeit, daher macht es Sinn, dass es eine Art feste Verdrahtung gibt, die uns dazu drängt, für unsere Kinder zu sorgen und ihren Erfolg sicherzustellen. Das nennen wir Liebe, und deshalb sagen Eltern, dass es keine Liebe gibt, die so groß ist wie die Liebe zu einem Kind.

Auch über das genetische Material hinaus wurden große Menschen im Laufe der Geschichte von der Anziehungskraft der „Unsterblichkeit" in der einen oder anderen Form motiviert. Antike Eroberer wie Julius Cäsar und Alexander der Große waren zum Teil von dem Wunsch getrieben, die Größten ihrer Zeit zu sein. Fragen Sie sich einen Moment lang: Warum sollte das irgendjemandem etwas ausmachen? Warum träumt ein Sportler davon, der Beste in seinem Sport zu sein? Es geht nicht nur darum, die Nummer eins zu sein; Es geht darum, den Platz desjenigen einzunehmen, der bereits als „der Größte" gilt.

Im Boxsport ist Muhammad Ali auch heute noch in aller Munde, auch wenn er bereits vor Jahren verstorben ist. Auch Ayrton Senna wird von Formel-1-Rennfans trotz seines Todes im Jahr 1994 immer noch erwähnt. Große Fußballspieler und Olympioniken werden ebenso vergöttert wie große Politiker und Generäle. Cäsar und Alexander sind Paradebeispiele, die noch Jahrhunderte, nachdem sie auf der Erde gelebt haben, bekannt sind und diskutiert werden. Alexander der Große wurde nur 32 Jahre alt und ist auch fast 2.500 Jahre später noch berühmt.

Diese Art von Ruhm, diese Art von Unsterblichkeit berührte diese besonderen Männer emotional und trieb sie dazu, ihr Bestes zu geben. Viele würden sagen, dass es sie zu großen Dingen trieb, die größer waren, als sich die Welt vorstellen konnte, und dass es sie dadurch fest in den Geschichtsbüchern und in der Unsterblichkeit verankerte.

In diesen Fällen waren Emotionen die treibende Kraft hinter ihrer Größe. In vielen Fällen ist dies auch der

Grund, warum ihre Familien sie großzogen und für Großes vorbereiteten. Alexanders Vater sorgte dafür, dass er die beste Ausbildung, die besten Lehrer und eine kriegsbereite Armee hatte. Er tat dies aus Liebe, ein Gefühl, das Eltern gut verstehen. Der Grund, warum Liebe existiert, ist jedoch die Fortführung und Verbesserung der genetischen Linie.

Wir Menschen haben komplexe emotionale Systeme entwickelt, um Gefahren zu überstehen und unseren Lieben die besten Überlebens- und Erfolgschancen zu geben. Heute nennen wir das Liebe, aber früher gab es dafür keine Bezeichnung; es hätte nicht einmal Sprache gegeben. Wir hätten einfach den Drang verspürt, dafür zu sorgen, dass unsere Kinder überleben, manchmal auf Kosten der Kinder anderer.

Ebenso hätten wir einfach den Drang verspürt, diesen gefährlichen Klippen oder diesem gruseligen Säbelzahntiger auszuweichen. Wir hätten nicht gewusst, dass es sich um Emotionen handelte, und wir hätten sie auch nicht benennen müssen, aber wir hätten sie erlebt und anerkannt. Im Laufe der Zeit hätten diejenigen Menschen am besten überlebt, die auf ihre Gefühle hörten, Gefahren mieden und ihre Familien und sozialen Kreise pflegten.

Apropos soziale Kreise: Hier ist eine weitere Überlegung. Vieles davon, wie sich Menschen heute verhalten, basiert auf einer evolutionären Verankerung. Betrachten wir nun die Menschen in der wilden, antiken Welt vor 10.000 Jahren. Einige dieser Menschen haben Familien unterschiedlicher Größe. Manche haben vielleicht einen oder zwei Brüder, andere vielleicht zehn. Manche sind vielleicht freundlich und haben ein paar Freunde, was bedeutet, dass sie in schwierigen Situationen auch auf die Familien dieser Freunde zählen können.

Nehmen wir in diesem Szenario an, dass sich ein Mensch (und seine Familie) für einen sozialen Ansatz entscheidet. Diese Menschen sind großartig darin, Freunde zu finden, sympathisch zu sein und andere zu beeinflussen. Warum? Weil sie über eine gute emotionale Intelligenz verfügen, auch wenn sie nicht wissen, was das bedeutet. Sie wissen einfach, dass sie sich mit Menschen identifizieren können und dass Menschen sie mögen. Der Endeffekt ist, dass sie Hunderte von Familien vor Ort um Hilfe bitten können, wenn etwas schief geht oder benötigt wird. Vielleicht können sie diese Menschen sogar davon überzeugen, ihnen oder ihren Ideen zu folgen.

In dieser Situation würden Sie den Beginn einer primitiven Zivilisation sehen – eine Gruppe von Menschen, die einen Stamm oder eine Siedlung irgendeiner Form bilden. Vielleicht entwickeln sie sogar eine Art frühe Religion. Der zu berücksichtigende Punkt ist folgender: Sind diese Personen in diesem Szenario anderen gegenüber im Vorteil?

Ja. Sie können sich und einander besser verteidigen, weil sie zahlenmäßig vertreten sind. Sie sind ein schwierigeres Ziel für Raubtiere oder potenzielle Eroberer, weil es so viele von ihnen gibt. Darüber hinaus entwickeln sie durch die Zusammenarbeit von mehr Menschen wahrscheinlich Fortschritte bei Werkzeugen oder Techniken, was ihnen bessere Überlebenschancen gegenüber anderen verschafft.

Betrachtet man historisch gesehen den Wunsch der Menschheit, sich gegenseitig zu erobern, waren diese Menschen wahrscheinlich die Eroberer, die dann über das Land fegten und andere in ihren Schoß oder unter ihre Herrschaft brachten – oder schlimmer noch. Der

Aufstieg der Römer kann in ein solches Szenario vereinfacht werden. Eine Koalition kluger, fähiger Menschen, die zunächst eine Stadt gründeten, dann umliegende Ländereien übernahmen und sich schließlich ausbreiteten, um über ihr gesamtes Land zu herrschen – und dabei nicht aufhörten.

Emotionen sind eine treibende Kraft hinter unserer erfolgreichen Entwicklung. Sie sind der Grund, warum wir etwas tun. Wenn Sie Ihre eigenen emotionalen Wünsche beseitigen würden, welchen Grund hätten Sie dann noch, etwas zu tun? Wir möchten, dass der Erfolg uns selbst und unseren Lieben Trost spendet, unsere Zukunft sichert und uns vor Schaden schützt. Selbst heute noch erfolgreich sein zu wollen, ohne sich um Miete, Rechnungen oder Gesundheit sorgen zu müssen – das sind alles evolutionäre Positive, die durch Emotionen erzwungen werden.

Der Schmerz, einen geliebten Menschen zu verlieren, motiviert uns zum Erfolg. Die Sicherstellung, dass uns die größtmöglichen Ressourcen zur Verfügung stehen, um solche Verluste erneut zu verhindern, ist ein enormer Motivator. Logischerweise wissen wir alle, dass das Leben irgendwann für jeden enden wird und dass

Krankheiten und Verletzungen unvermeidbar sind. Dennoch sind wir bestrebt, alles in unserer Macht Stehende zu tun, um diese Ereignisse so lange wie möglich in Schach zu halten.

Viele Menschen neigen dazu, Emotionen zu meiden, insbesondere die negativen. Es macht doch Sinn, oder? Wenn sich etwas schlecht anfühlt, versuchen Sie einfach, nicht darüber nachzudenken. Wenn Sie es vermeiden, werden Sie sich nicht schlecht fühlen. Anstatt sich die Mühe zu machen, Probleme zu lösen, ignorieren Sie sie einfach. Stellen Sie sich vor, dass sie nicht existieren.

Wenn Sie darüber nachdenken, scheint es vielleicht nicht die beste Idee zu sein, aber es klingt auch nicht schrecklich. Tatsächlich ist es jedoch eine ziemlich schlechte Idee. Das Leben ist (hoffentlich) eine langfristige Erfahrung für uns alle, und wir sollten dies ständig planen und vorbereiten. Emotionen sind fast wie ein Signalsystem. Sie sind nicht etwas, das wir vollständig kontrollieren sollen; Sie fungieren als Feedbacksystem. Sie helfen Ihnen zu verstehen, wie sich aktuelle Ereignisse auf Sie auswirken – und der allgemeine Lebensplan besteht darin, Einfluss auf Ihre Umgebung zu nehmen und das Leben zu schaffen, das Sie sich wünschen.

Emotionen sind also das Feedback, Ihr Leben ist die Situation und Ihre Handlungen sind die Inputs. Eine Änderung der Situation braucht Zeit, aber es ist möglich, indem Sie die Eingaben (Ihre Handlungen) ändern. Die Art und Weise, wie Sie diese Maßnahmen ändern, um ein glückliches Leben zu gewährleisten, hängt davon ab, was Sie wollen. Um das herauszufinden, muss man das Feedback – die Emotionen – verstehen. Es ist entscheidend, auf ein glückliches Leben hinzuarbeiten und sich ständig auf dieses Ziel einzustellen.

Aber Moment, habe ich nicht gesagt, dass es besser ist, im Moment zu leben? Natürlich! Im Moment zu leben bedeutet jedoch nicht, so zu tun, als ob die Zukunft nicht existierte. Nehmen Sie die besten Aspekte des Lebens im Augenblick wahr. Menschen, die das Leben im Augenblick als Rechtfertigung für ein rücksichtsloses Leben nutzen, spielen ein gefährliches Spiel. Mit der Zeit werden die Chancen für diese Menschen schlecht, und sie werden mit negativen Konsequenzen für ihre schlechte Entscheidungsfindung rechnen müssen.

Im Moment zu leben bedeutet, dass man versucht, mit der realen Situation, wie sie jetzt ist, zufrieden zu sein. Für die Zukunft zu leben bedeutet, dass Sie in diesen gegenwärtigen Momenten auch danach streben, für Ihr zukünftiges Selbst produktiv zu sein, wenn auch nur im kleinen Rahmen. Mit der Zeit bauen wir ein besseres Jetzt auf und bleiben gleichzeitig im Jetzt präsent. Ist das sinnvoll?

Okay, zurück zu den Emotionen. Wenn man die Negativen ignoriert, beginnen sie, tiefere Auswirkungen zu haben. Diese variieren von Person zu Person und je nach emotionaler Situation (neben anderen Faktoren). Manche Menschen können depressiv werden oder mit Angstzuständen zu kämpfen haben. Es kann zu Drogenmissbrauch, geringem Selbstwertgefühl, Gesundheitsproblemen, Gewichtsproblemen, hormonellen Ungleichgewichten usw. kommen. Die Liste geht weiter.

Wir entdecken immer noch mehr Informationen darüber, wie unsere geistige und allgemeine Gesundheit zusammenhängt. Bisher gibt es viele Anzeichen dafür, dass die psychische Gesundheit einen massiven Einfluss auf unsere allgemeine Gesundheit hat. Psychische

Gesundheitsprobleme können die Gesamtlebenserwartung um 10–20 Jahre verkürzen! Das ist angesichts einer weltweiten Durchschnittserwartung von 70–78 Jahren von Bedeutung, obwohl dies stark vom Lebensstil, dem Wohnort und sogar dem Geschlecht abhängt. Diese Art von Auswirkungen unterstreicht, wie wichtig die psychische Gesundheit ist, wenn wir ein gesundes Leben führen wollen.

Die erste Art und Weise, wie sich negative Emotionen auf uns auswirken, besteht darin, dass wir unser Recht auf das Leben, das wir uns wünschen, und jede Hoffnung auf die Verwirklichung unserer Träume einschränken. Damit die Träume der meisten Menschen wahr werden, müssen sie irgendwann mit negativen Ereignissen oder Emotionen konfrontiert werden. Der einzige Weg, dies nicht zu tun, besteht darin, die Träume von vornherein aufzugeben. Wie schrecklich wäre das? Die Möglichkeit aufgeben, dass sich das Leben jemals verbessern könnte?

Gleichzeitig ist es schwierig, negative Emotionen und Ereignisse vollständig zu vermeiden. Sie können manchmal ziemlich invasiv werden und unerwartet und ohne Vorwarnung auftauchen. Dies liegt zum Teil daran, dass sie nicht anerkannt werden. Wir erleben also nicht nur die versteckten Auswirkungen der Unterdrückung schlechter Dinge, sondern erfahren auch noch mehr negative Auswirkungen, wenn sie manchmal sowieso durchbrechen. Es scheint, dass die meisten Menschen schlimmere Auswirkungen haben, wenn sie nur versuchen, negative Emotionen zu vermeiden.

Das Erkennen von Emotionen ist für viele Menschen nicht so einfach wie die Entscheidung, es zu tun. Deshalb gehen wir jetzt eine kurze Übung durch, die Ihnen helfen wird, die Emotionen, die Sie empfinden, anzuerkennen und zu verarbeiten.

Beim Umgang mit schlechten Gefühlen geht es nicht nur darum, sich dafür zu entscheiden. Wir haben die Grundlagen von Emotionen behandelt und erklärt, wie man sie beobachtet. Wir haben nach Möglichkeiten gesucht, mit schwierigen Situationen oder Problembereichen umzugehen. Sehen wir uns nun an, wie wir schlechte Gefühle besser akzeptieren und damit umgehen können.

Der erste Schritt im Umgang mit einem schlechten Gefühl besteht darin, zu verstehen, was wirklich passiert ist. Dies gilt, wenn Sie zum ersten Mal etwas hören oder sehen, das das schlechte Gefühl auslöst. Es ist, wenn ein Arzt schlechte Nachrichten überbringt, wenn Ihnen jemand das Herz bricht oder wenn Sie einen beängstigenden Anruf erhalten.

Versuchen Sie an dieser Stelle Ihr Bestes, um einen Blick auf die Fakten zu werfen, und lassen Sie nicht zu, dass Ihre Gefühle die Oberhand gewinnen. Wir haben darüber gesprochen, Gefühle zu akzeptieren, aber das kann nicht immer sofort passieren. Denken Sie an Soldaten der Spezialeinheiten – sie stecken in Schwierigkeiten, wenn sie sofort zusammenbrechen.

Wir brauchen auch etwas Kontrolle. Schauen Sie sich an, was wo und wie passiert ist. Bleiben Sie bei solchen Fakten.

Erstellen Sie so schnell wie möglich einen schnellen Plan. Dieser Plan ist für Dinge gedacht, die Sie direkt nach der schlechten Nachricht tun müssen. Dies sind Aufgaben, die Sie nicht vermeiden oder hinauszögern können, wie zum Beispiel das Organisieren von Mahlzeiten, die Betreuung von Kindern und Haustieren und so weiter.

Wenn Sie es jemand anderem sagen müssen, geben Sie dies ebenfalls an. Wenn Ihnen jemand helfen kann, fragen Sie ihn sofort. Nachdem Sie die Aufgaben, die Sie unbedingt erledigen müssen, aufgeschrieben haben, können Sie mit deren Ausführung beginnen. Menschen sind soziale Wesen, daher profitieren wir davon, die Last zu teilen und Menschen um uns zu haben, insbesondere diejenigen, die uns nahe stehen. Dies ist ein guter Zeitpunkt, um mit der Familie oder engen Freunden Kontakt aufzunehmen, die Ihnen in dieser schwierigen Zeit helfen können. Es spielt keine Rolle, ob sie Ihnen bei der Aufgabenliste helfen oder einfach nur mit Ihnen reden und etwas trinken.

Bei Gefühlen ist es wichtig, sie zu fühlen und auszudrücken. Wenn Sie getan haben, was Sie tun mussten, nehmen Sie sich Zeit (allein oder mit Freunden), um wirklich zu erfassen, was passiert ist. Kämpfen Sie nicht dagegen an, sich schlecht zu fühlen, und versuchen Sie nicht, das Geschehene zu leugnen. Lassen Sie einfach alle Gefühle auf sich wirken, die ganz natürlich auf Sie zukommen.

Wenn du weinen willst, weine. Wenn Sie etwas schlagen müssen, schlagen Sie auf ein Kissen. Die Menschen nutzen alle möglichen Mittel, um durch schlechte Zeiten zu kommen, und es geht ihnen allen gut. Tun Sie, was für Sie funktioniert!

Denken Sie daran, dass Sie nicht nur einmal starke Emotionen verspüren werden. Wenn etwas wirklich Schlimmes passiert, ist es normal, dass man sich oft deswegen schlecht fühlt. Wenn ein Familienmitglied stirbt, erwartet niemand, dass die Menschen „einfach darüber hinwegkommen". Wenn etwas wirklich Schlimmes passiert, kann das Akzeptieren und Fühlen von Emotionen nicht nur einmal geschehen.

Bis wir etwas akzeptieren, müssen wir weiterhin unsere Emotionen darüber fühlen und erforschen. Zu Beginn kommt es häufiger zu heftigen Reaktionen – dann kommt es oft zu Weinen, Schreien und dem Wunsch, Dinge zu schlagen. Dann können Menschen am Boden zerstört sein und vielleicht eine Auszeit von der Arbeit und anderen Pflichten brauchen. Menschen, die diese Emotionen weiterhin verspüren, werden feststellen, dass die Gefühle mit der Zeit nachlassen.

Deshalb ist es gut zu weinen oder sich aufzuregen, denn diese Handlungen verarbeiten tatsächlich die Emotionen. Während wir diesen Prozess durchlaufen, eröffnen sich auch andere Möglichkeiten, unsere Gefühle auszudrücken. Einige davon sind am hilfreichsten, wenn wir nur versuchen, die Emotionen zu spüren, weil sie uns einen kleinen „Wohlfühlschub" geben, um die schlechten Gefühle auszugleichen. Andere helfen uns, die Gefühle selbst zu verstehen oder zu verstehen. Manche geben uns vielleicht einfach die Pause, die wir brauchen, um mit dem umzugehen, was wir gerade fühlen.

Hier finden Sie eine Liste mit einigen beliebten Methoden zur Verarbeitung von Emotionen, die jedoch nicht vollständig ist. Denken Sie daran: Alles, was für Sie funktioniert, ist eine gute Technik. Es geht nicht darum, sich an bestimmte Methoden zu halten, sondern darum, das zu verwenden, was für Sie am besten funktioniert.

- Trainieren Sie langsam oder intensiv. Es schüttet Wohlfühlhormone aus

- Sprechen Sie mit einem Therapeuten oder Berater

- Verbringen Sie Zeit mit unterstützenden Menschen in einer sicheren Umgebung

- Weinen Sie, um schlechte Gefühle loszulassen und Wohlfühlchemikalien freizusetzen

- Nehmen Sie eine lange Dusche oder ein Bad

- Hören Sie zu, singen Sie mit oder machen Sie Musik

- Werden Sie kreativ mit Kunst

- Sprechen Sie mit einem Freund über Ihre Gefühle

- Machen Sie einen langen Spaziergang oder eine Autofahrt

- Meditiere, mache Yoga oder andere entspannende Aktivitäten

- Gehe einem Hobby nach

- Schreien oder schreien (suchen Sie dafür einen sicheren Ort)

- Spielen Sie eine Sportart, die Ihnen Spaß macht

- Treten Sie einer Selbsthilfegruppe bei

- Schlagen Sie auf etwas Sicheres (wie ein Kissen oder einen Boxsack, NICHT auf eine Person)

- Essen Sie Lebensmittel, die Ihnen Spaß machen

- Verbringen Sie Zeit in der Natur, das kann Ihre Stimmung heben

- Machen Sie einen kurzen Ausflug an einen anderen Ort

- Nehmen Sie sich ruhig Zeit, um darüber nachzudenken, wie Sie sich fühlen

Wenn Sie eine dieser Methoden ausprobieren, sollten Sie sich besser fühlen. Probieren Sie ein paar davon aus und bleiben Sie bei dem, was für Sie am besten funktioniert, während Sie alle weglassen, die nicht helfen. Wenn Sie etwas fallen lassen, das nicht funktioniert, probieren Sie stattdessen etwas Neues aus. Es ist am besten, schlechte Gefühle an vielen Fronten zu bekämpfen. Stellen Sie sich das wie eine medizinische Behandlung vor: Um schnell wieder gesund zu werden, müssen Sie so viele Behandlungen wie möglich durchführen.

Wenn Sie anfangen zu akzeptieren, was passiert ist, wenden Sie weiterhin die von Ihnen gewählten Verarbeitungstechniken an. Wenn Sie von schlechten Gefühlen überwältigt werden, sollten diese Techniken einer Ihrer Hauptschwerpunkte sein. Wann immer Sie Freizeit haben, ist es gut, etwas auszuprobieren. Sobald die Gefühle nicht mehr so intensiv sind, können Sie weniger Emotionen verarbeiten. Denken Sie daran, immer wieder ein paar dieser Techniken anzuwenden. Es ist ziemlich einfach, mit ein wenig Bewegung, Therapie oder Meditation Schritt zu halten, während Gespräche mit Freunden, heiße Bäder und Musikhören noch einfacher sind. Es gibt wirklich keinen Grund, warum Sie einige dieser Methoden nicht regelmäßig anwenden können.

Herzlichen Glückwunsch zum Abschluss Ihrer Reise durch „Der Mut, Traumata loszulassen"!

Sie haben bedeutende Schritte in Richtung Heilung und persönlichem Wachstum unternommen, und ich hoffe, dass dieses Buch Ihnen wertvolle Erkenntnisse, praktische Werkzeuge und ein neues Gefühl der Hoffnung vermittelt hat. Die eigene Vergangenheit anzunehmen und den Mut zu finden, vorwärts zu gehen, ist keine Kleinigkeit, und ich lobe Sie für Ihr Engagement für diesen Transformationsprozess.

Denken Sie auf Ihrem Weg zur emotionalen Freiheit daran, dass Heilung eine fortlaufende Reise ist. Die Lektionen, die Sie gelernt haben, und die Stärke, die Sie entdeckt haben, werden Sie in den kommenden Tagen unterstützen. Fördern Sie weiterhin Ihr Wohlbefinden und bleiben Sie offen für die Möglichkeiten des Wachstums und der Erneuerung.

Ich habe ein besonderes Geschenk nur für dich!

Um meine Wertschätzung für Ihre Unterstützung zu zeigen, biete ich Ihnen ein kostenloses Heilungstagebuch an, das Ihnen dabei helfen soll, die Konzepte dieses Buches auf Ihr Leben anzuwenden.

Dieses Tagebuch ist ein Begleiter für Ihre weitere Reise, gefüllt mit reflektierenden Anregungen, inspirierenden Zitaten und praktischen Übungen, um Ihre fortlaufende Heilung zu unterstützen.

Wenn Sie „The Courage to Let Go of Trauma" hilfreich fanden, wäre ich Ihnen unglaublich dankbar, wenn Sie sich einen Moment Zeit nehmen könnten, um eine positive Rezension und Bewertung auf Amazon abzugeben. Ihr Feedback hilft anderen, dieses Buch zu finden, und kann einen erheblichen Unterschied auf dem Heilungsweg anderer machen.

Vielen Dank, dass Sie Teil dieser Gemeinschaft sind und sich für die Heilung einsetzen. Ich wünsche Ihnen Frieden, Widerstandskraft und Freude für Ihren weiteren Weg.

Mit herzlicher Dankbarkeit,

Sandy Mathias

Autor von „Der Mut, Traumata loszulassen"

SCANNE, UM DEIN GRATISGESCHENK ZU ERHALTEN!